BÚLGARO
VOCABULÁRIO

PALAVRAS MAIS ÚTEIS

PORTUGUÊS BÚLGARO

Para alargar o seu léxico e apurar as suas competências linguísticas

5000 palavras

Vocabulário Português-Búlgaro - 5000 palavras
Por Andrey Taranov

Os vocabulários da T&P Books destinam-se a ajudar a aprender, a memorizar, e a rever palavras estrangeiras. O dicionário é dividido em temas, cobrindo todas as principais esferas de atividades quotidianas, negócios, ciência, cultura, etc.

O processo de aprendizagem, utilizando os dicionários baseados em temáticas da T&P Books dá-lhe as seguintes vantagens:

- Informação de origem corretamente agrupada predetermina o sucesso em fases subsequentes da memorização de palavras
- Disponibilização de palavras derivadas da mesma raiz, o que permite a memorização de unidades de texto (em vez de palavras separadas)
- Pequenas unidades de palavras facilitam o processo de estabelecimento de vínculos associativos necessários para a consolidação do vocabulário
- O nível de conhecimento da língua pode ser estimado pelo número de palavras aprendidas

Copyright © 2018 T&P Books Publishing

Todos os direitos reservados. Nenhuma parte desta publicação pode ser reproduzida, total ou parcialmente, por quaisquer métodos ou processos, sejam eles eletrónicos, mecânicos, de fotocópia ou outros, sem a autorização escrita do editor. Esta publicação não pode ser divulgada, copiada ou distribuída em nenhum formato.

T&P Books Publishing
www.tpbooks.com

ISBN: 978-1-78400-913-7

Este livro também está disponível em formato E-book.
Por favor visite www.tpbooks.com ou as principais livrarias on-line.

VOCABULÁRIO BÚLGARO
palavras mais úteis

Os vocabulários da T&P Books destinam-se a ajudar a aprender, a memorizar, e a rever palavras estrangeiras. O vocabulário contém mais de 5000 palavras de uso comum organizadas tematicamente.

O vocabulário contém as palavras mais comummente usadas
Recomendado como adicional para qualquer curso de línguas
Satisfaz as necessidades dos iniciados e dos alunos avançados de línguas estrangeiras
Conveniente para o uso diário, sessões de revisão e atividades de auto-teste
Permite avaliar o seu vocabulário

Características especias do vocabulário

- As palavras estão organizadas de acordo com o seu significado, e não por ordem alfabética
- As palavras são apresentadas em três colunas para facilitar os processos de revisão e auto-teste
- As palavras compostas são divididas em pequenos blocos para facilitar o processo de aprendizagem
- O vocabulário oferece uma transcrição simples e adequada de cada palavra estrangeira

O vocabulário contém 155 tópicos incluindo:

Conceitos básicos, Números, Cores, Meses, Estações do ano, Unidades de medida, Roupas & Acessórios, Alimentos & Nutrição, Restaurante, Membros da Família, Parentes, Caráter, Sentimentos, Emoções, Doenças, Cidade, Passeios, Compras, Dinheiro, Casa, Lar, Escritório, Trabalho no Escritório, Importação & Exportação, Marketing, Pesquisa de Emprego, Desportos, Educação, Computador, Internet, Ferramentas, Natureza, Países, Nacionalidades e muito mais ...

TABELA DE CONTEÚDOS

Guia de pronunciação	9
Abreviaturas	10

CONCEITOS BÁSICOS 11
Conceitos básicos. Parte 1 11

1. Pronomes 11
2. Cumprimentos. Saudações. Despedidas 11
3. Como se dirigir a alguém 12
4. Números cardinais. Parte 1 12
5. Números cardinais. Parte 2 13
6. Números ordinais 14
7. Números. Frações 14
8. Números. Operações básicas 14
9. Números. Diversos 14
10. Os verbos mais importantes. Parte 1 15
11. Os verbos mais importantes. Parte 2 16
12. Os verbos mais importantes. Parte 3 17
13. Os verbos mais importantes. Parte 4 18
14. Cores 18
15. Questões 19
16. Preposições 20
17. Palavras funcionais. Advérbios. Parte 1 20
18. Palavras funcionais. Advérbios. Parte 2 22

Conceitos básicos. Parte 2 23

19. Dias da semana 23
20. Horas. Dia e noite 23
21. Meses. Estações 24
22. Unidades de medida 26
23. Recipientes 27

O SER HUMANO 28
O ser humano. O corpo 28

24. Cabeça 28
25. Corpo humano 29

Vestuário & Acessórios 30

26. Roupa exterior. Casacos 30
27. Vestuário de homem & mulher 30

28. Vestuário. Roupa interior	31
29. Adereços de cabeça	31
30. Calçado	31
31. Acessórios pessoais	32
32. Vestuário. Diversos	32
33. Cuidados pessoais. Cosméticos	33
34. Relógios de pulso. Relógios	34

Alimantação. Nutrição	35
35. Comida	35
36. Bebidas	36
37. Vegetais	37
38. Frutos. Nozes	38
39. Pão. Bolaria	39
40. Pratos cozinhados	39
41. Especiarias	40
42. Refeições	41
43. Por a mesa	42
44. Restaurante	42

Família, parentes e amigos	43
45. Informação pessoal. Formulários	43
46. Membros da família. Parentes	43

Medicina	45
47. Doenças	45
48. Simtomas. Tratamentos. Parte 1	46
49. Simtomas. Tratamentos. Parte 2	47
50. Simtomas. Tratamentos. Parte 3	48
51. Médicos	49
52. Medicina. Drogas. Acessórios	49

HABITAT HUMANO	51
Cidade	51
53. Cidade. Vida na cidade	51
54. Instituições urbanas	52
55. Sinais	53
56. Transportes urbanos	54
57. Turismo	55
58. Compras	56
59. Dinheiro	57
60. Correios. Serviço postal	58

Moradia. Casa. Lar	59
61. Casa. Eletricidade	59

62. Moradia. Mansão	59
63. Apartamento	59
64. Mobiliário. Interior	60
65. Quarto de dormir	61
66. Cozinha	61
67. Casa de banho	62
68. Eletrodomésticos	63

ATIVIDADES HUMANAS	64
Emprego. Negócios. Parte 1	64
69. Escritório. O trabalho no escritório	64
70. Processos negociais. Parte 1	65
71. Processos negociais. Parte 2	66
72. Produção. Trabalhos	67
73. Contrato. Acordo	68
74. Importação & Exportação	69
75. Finanças	69
76. Marketing	70
77. Publicidade	70
78. Banca	71
79. Telefone. Conversação telefónica	72
80. Telefone móvel	73
81. Estacionário	73
82. Tipos de negócios	73

Emprego. Negócios. Parte 2	76
83. Espetáculo. Feira	76
84. Ciência. Investigação. Cientistas	77

Profissões e ocupações	78
85. Procura de emprego. Demissão	78
86. Gente de negócios	78
87. Profissões de serviços	79
88. Profissões militares e postos	80
89. Oficiais. Padres	81
90. Profissões agrícolas	81
91. Profissões artísticas	82
92. Várias profissões	82
93. Ocupações. Estatuto social	84

Educação	85
94. Escola	85
95. Colégio. Universidade	86
96. Ciências. Disciplinas	87
97. Sistema de escrita. Ortografia	87
98. Línguas estrangeiras	88

Descanso. Entretenimento. Viagens	90
99. Viagens	90
100. Hotel	90

EQUIPAMENTO TÉCNICO. TRANSPORTES	92
Equipamento técnico. Transportes	92
101. Computador	92
102. Internet. E-mail	93
103. Eletricidade	94
104. Ferramentas	94

Transportes	97
105. Avião	97
106. Comboio	98
107. Barco	99
108. Aeroporto	100

Eventos	102
109. Férias. Evento	102
110. Funerais. Enterro	103
111. Guerra. Soldados	103
112. Guerra. Ações militares. Parte 1	104
113. Guerra. Ações militares. Parte 2	106
114. Armas	107
115. Povos da antiguidade	109
116. Idade média	109
117. Líder. Chefe. Autoridades	111
118. Viloação da lei. Criminosos. Parte 1	112
119. Viloação da lei. Criminosos. Parte 2	113
120. Polícia. Lei. Parte 1	114
121. Polícia. Lei. Parte 2	115

NATUREZA	117
A Terra. Parte 1	117
122. Espaço sideral	117
123. A Terra	118
124. Pontos cardeais	119
125. Mar. Oceano	119
126. Nomes de Mares e Oceanos	120
127. Montanhas	121
128. Nomes de montanhas	122
129. Rios	122
130. Nomes de rios	123
131. Floresta	123
132. Recursos naturais	124

A Terra. Parte 2 — 126

133. Tempo — 126
134. Tempo extremo. Catástrofes naturais — 127

Fauna — 128

135. Mamíferos. Predadores — 128
136. Animais selvagens — 128
137. Animais domésticos — 129
138. Pássaros — 130
139. Peixes. Animais marinhos — 132
140. Amfíbios. Répteis — 132
141. Insetos — 133

Flora — 134

142. Árvores — 134
143. Arbustos — 134
144. Frutos. Bagas — 135
145. Flores. Plantas — 136
146. Cereais, grãos — 137

PAÍSES. NACIONALIDADES — 138

147. Europa Ocidental — 138
148. Europa Central e de Leste — 138
149. Países da ex-URSS — 139
150. Asia — 139
151. America do Norte — 140
152. America Centrale do Sul — 140
153. Africa — 141
154. Australia. Oceania — 141
155. Cidades — 141

GUIA DE PRONUNCIAÇÃO

Alfabeto fonético T&P	Exemplo Búlgaro	Exemplo Português
[a]	сладък [sládək]	chamar
[e]	череша [tʃeréʃa]	metal
[i]	килим [kilím]	sinónimo
[o]	отломка [otlómka]	lobo
[u]	улуча [ulútʃa]	bonita
[ə]	въже [vəʒé]	O xevá, som vocálico neutro
[ja], [ʲa]	вечеря [vetʃérʲa]	Himalaias
[ʲu]	ключ [kʲlutʃ]	nacional
[ʲo]	фризьор [frizʲór]	ioga
[ja], [ʲa]	история [istórija]	Himalaias
[b]	събота [sébota]	barril
[d]	пладне [pládne]	dentista
[f]	парфюм [parfʲúm]	safári
[g]	гараж [garáʒ]	gosto
[ʒ]	мрежа [mréʒa]	talvez
[j]	двубой [dvubój]	géiser
[h]	храбър [hrábər]	[h] aspirada
[k]	колело [koleló]	kiwi
[l]	паралел [paralél]	libra
[m]	мяукам [mʲaúkam]	magnólia
[n]	фонтан [fontán]	natureza
[p]	пушек [púʃek]	presente
[r]	крепост [krépost]	riscar
[s]	каса [kása]	sanita
[t]	тютюн [tʲutʲún]	tulipa
[v]	завивам [zavívam]	fava
[ts]	църква [tsérkva]	tsé-tsé
[ʃ]	шапка [ʃápka]	mês
[tʃ]	чорапи [tʃorápi]	Tchau!
[w]	уиски [wíski]	página web
[z]	зарзават [zarzavát]	sésamo

ABREVIATURAS
usadas no vocabulário

Abreviaturas do Português

adj	-	adjetivo
adv	-	advérbio
anim.	-	animado
conj.	-	conjunção
desp.	-	desporto
etc.	-	etecetra
ex.	-	por exemplo
f	-	nome feminino
f pl	-	feminino plural
fem.	-	feminino
inanim.	-	inanimado
m	-	nome masculino
m pl	-	masculino plural
m, f	-	masculino, feminino
masc.	-	masculino
mat.	-	matemática
mil.	-	militar
pl	-	plural
prep.	-	preposição
pron.	-	pronome
sb.	-	sobre
sing.	-	singular
v aux	-	verbo auxiliar
vi	-	verbo intransitivo
vi, vt	-	verbo intransitivo, transitivo
vr	-	verbo reflexivo
vt	-	verbo transitivo

Abreviaturas do Búlgaro

ж	-	nome feminino
ж мн	-	feminino plural
м	-	nome masculino
м мн	-	masculino plural
м, ж	-	masculino, feminino
мн	-	plural
с	-	neutro
с мн	-	neutro plural

CONCEITOS BÁSICOS

Conceitos básicos. Parte 1

1. Pronomes

eu	аз	[az]
tu	ти	[ti]
ele	той	[toj]
ela	тя	[tʲa]
ele, ela (neutro)	то	[to]
nós	ние	[níe]
vocês	вие	[víe]
eles, elas	те	[te]

2. Cumprimentos. Saudações. Despedidas

Olá!	Здравей!	[zdravéj]
Bom dia! (formal)	Здравейте!	[zdravéjte]
Bom dia! (de manhã)	Добро утро!	[dobró útro]
Boa tarde!	Добър ден!	[dóbər den]
Boa noite!	Добър вечер!	[dóbər vétʃer]
cumprimentar (vt)	поздравявам	[pozdravʲávam]
Olá!	Здрасти!	[zdrásti]
saudação (f)	поздрав (м)	[pózdrav]
saudar (vt)	приветствувам	[privétstvuvam]
Como vai?	Как си?	[kak si]
O que há de novo?	Какво ново?	[kakvó nóvo]
Até à vista!	Довиждане!	[dovíʒdane]
Até breve!	До скора среща!	[do skóra sréʃta]
Adeus!	Сбогом!	[zbógom]
despedir-se (vr)	сбогувам се	[sbogúvam se]
Até logo!	До скоро!	[do skóro]
Obrigado! -a!	Благодаря!	[blagodarʲá]
Muito obrigado! -a!	Много благодаря!	[mnógo blagodarʲá]
De nada	Моля.	[mólʲa]
Não tem de quê	Няма нищо.	[nʲáma níʃto]
De nada	Няма за какво.	[nʲáma za kakvó]
Desculpa!	Извинявай!	[izvinʲávaj]
Desculpe!	Извинявайте!	[izvinʲávajte]
desculpar (vt)	извинявам	[izvinʲávam]

desculpar-se (vr)	извинявам се	[izvinʲávam se]
As minhas desculpas	Моите извинения.	[móite izvinénija]
Desculpe!	Прощавайте!	[proʃtávajte]
por favor	моля	[mólʲa]
Não se esqueça!	Не забравяйте!	[ne zabrávʲajte]
Certamente! Claro!	Разбира се!	[razbíra se]
Claro que não!	Разбира се, не!	[razbíra se ne]
Está bem! De acordo!	Съгласен!	[səglásen]
Basta!	Стига!	[stíga]

3. Como se dirigir a alguém

senhor	Господине	[gospodíne]
senhora	Госпожо	[gospóʒo]
rapariga	Госпожице	[gospóʒitse]
rapaz	Младежо	[mladéʒo]
menino	Момче	[momtʃé]
menina	Момиче	[momítʃe]

4. Números cardinais. Parte 1

zero	нула (ж)	[núla]
um	едно	[ednó]
dois	две	[dve]
três	три	[tri]
quatro	четири	[tʃétiri]
cinco	пет	[pet]
seis	шест	[ʃest]
sete	седем	[sédem]
oito	осем	[ósem]
nove	девет	[dévet]
dez	десет	[déset]
onze	единадесет	[edinádeset]
doze	дванадесет	[dvanádeset]
treze	тринадесет	[trinádeset]
catorze	четиринадесет	[tʃetirinádeset]
quinze	петнадесет	[petnádeset]
dezasseis	шестнадесет	[ʃesnádeset]
dezassete	седемнадесет	[sedemnádeset]
dezoito	осемнадесет	[osemnádeset]
dezanove	деветнадесет	[devetnádeset]
vinte	двадесет	[dvádeset]
vinte e um	двадесет и едно	[dvádeset i ednó]
vinte e dois	двадесет и две	[dvádeset i dve]
vinte e três	двадесет и три	[dvádeset i tri]
trinta	тридесет	[trídeset]
trinta e um	тридесет и едно	[trídeset i ednó]

trinta e dois	тридесет и две	[trídeset i dve]
trinta e três	тридесет и три	[trídeset i tri]
quarenta	четиридесет	[tʃetírideset]
quarenta e um	четиридесет и едно	[tʃetírideset i ednó]
quarenta e dois	четиридесет и две	[tʃetírideset i dve]
quarenta e três	четиридесет и три	[tʃetírideset i tri]
cinquenta	петдесет	[petdesét]
cinquenta e um	петдесет и едно	[petdesét i ednó]
cinquenta e dois	петдесет и две	[petdesét i dve]
cinquenta e três	петдесет и три	[petdesét i tri]
sessenta	шестдесет	[ʃestdesét]
sessenta e um	шестдесет и едно	[ʃestdesét i ednó]
sessenta e dois	шестдесет и две	[ʃestdesét i dve]
sessenta e três	шестдесет и три	[ʃestdesét i tri]
setenta	седемдесет	[sedemdesét]
setenta e um	седемдесет и едно	[sedemdesét i ednó]
setenta e dois	седемдесет и две	[sedemdesét i dve]
setenta e três	седемдесет и три	[sedemdesét i tri]
oitenta	осемдесет	[osemdesét]
oitenta e um	осемдесет и едно	[osemdesét i ednó]
oitenta e dois	осемдесет и две	[osemdesét i dve]
oitenta e três	осемдесет и три	[osemdesét i tri]
noventa	деветдесет	[devetdesét]
noventa e um	деветдесет и едно	[devetdesét i ednó]
noventa e dois	деветдесет и две	[devetdesét i dve]
noventa e três	деветдесет и три	[devetdesét i tri]

5. Números cardinais. Parte 2

cem	сто	[sto]
duzentos	двеста	[dvésta]
trezentos	триста	[trísta]
quatrocentos	четиристотин	[tʃétiri·stótin]
quinhentos	петстотин	[pét·stótin]
seiscentos	шестстотин	[ʃést·stótin]
setecentos	седемстотин	[sédem·stótin]
oitocentos	осемстотин	[ósem·stótin]
novecentos	деветстотин	[dévet·stótin]
mil	хиляда (ж)	[hilʲáda]
dois mil	две хиляди	[dve hílʲadi]
três mil	три хиляди	[tri hílʲadi]
dez mil	десет хиляди	[désed hílʲadi]
cem mil	сто хиляди	[sto hílʲadi]
um milhão	милион (м)	[milión]
mil milhões	милиард (м)	[miliárt]

6. Números ordinais

primeiro	първи	[pắrvi]
segundo	втори	[ftóri]
terceiro	трети	[tréti]
quarto	четвърти	[tʃetvắrti]
quinto	пети	[péti]
sexto	шести	[ʃésti]
sétimo	седми	[sédmi]
oitavo	осми	[ósmi]
nono	девети	[devéti]
décimo	десети	[deséti]

7. Números. Frações

fração (f)	дроб (м)	[drop]
um meio	една втора	[edná ftóra]
um terço	една трета	[edná tréta]
um quarto	една четвърта	[edná tʃetvắrta]
um oitavo	една осма	[edná ósma]
um décimo	една десета	[edná deséta]
dois terços	две трети	[dve tréti]
três quartos	три четвърти	[tri tʃetvắrti]

8. Números. Operações básicas

subtração (f)	изваждане (с)	[izváʒdane]
subtrair (vi, vt)	изваждам	[izváʒdam]
divisão (f)	деление (с)	[delénie]
dividir (vt)	деля	[delʲá]
adição (f)	събиране (с)	[səbírane]
somar (vt)	събера	[səberá]
adicionar (vt)	прибавям	[pribávʲam]
multiplicação (f)	умножение (с)	[umnoʒénie]
multiplicar (vt)	умножавам	[umnoʒávam]

9. Números. Diversos

algarismo, dígito (m)	цифра (ж)	[tsífra]
número (m)	число (с)	[tʃisló]
numeral (m)	числително име (с)	[tʃislítelno íme]
menos (m)	минус (м)	[mínus]
mais (m)	плюс (м)	[plʲus]
fórmula (f)	формула (ж)	[fórmula]
cálculo (m)	изчисление (с)	[istʃislénie]
contar (vt)	броя	[brojá]

calcular (vt)	преброявам	[prebrojávam]
comparar (vt)	сравнявам	[sravnʲávam]
Quanto, -os, -as?	Колко?	[kólko]
soma (f)	сума (ж)	[súma]
resultado (m)	резултат (м)	[rezultát]
resto (m)	остатък (м)	[ostátək]
alguns, algumas …	няколко	[nʲákolko]
um pouco de …	малко …	[málko]
resto (m)	остатък (м)	[ostátək]
um e meio	един и половина	[edín i polovína]
dúzia (f)	дузина (ж)	[duzína]
ao meio	наполовина	[napolovína]
em partes iguais	поравно	[porávno]
metade (f)	половина (ж)	[polovína]
vez (f)	път (м)	[pət]

10. Os verbos mais importantes. Parte 1

abrir (vt)	отварям	[otvárʲam]
acabar, terminar (vt)	приключвам	[priklʲútʃvam]
aconselhar (vt)	съветвам	[səvétvam]
adivinhar (vt)	отгатна	[otgátna]
advertir (vt)	предупреждавам	[predupreʒdávam]
ajudar (vt)	помагам	[pomágam]
almoçar (vi)	обядвам	[obʲádvam]
alugar (~ um apartamento)	наемам	[naémam]
amar (vt)	обичам	[obítʃam]
ameaçar (vt)	заплашвам	[zapláʃvam]
anotar (escrever)	записвам	[zapísvam]
apanhar (vt)	ловя	[lovʲá]
apressar-se (vr)	бързам	[bérzam]
arrepender-se (vr)	съжалявам	[səʒalʲávam]
assinar (vt)	подписвам	[potpísvam]
atirar, disparar (vi)	стрелям	[strélʲam]
brincar (vi)	шегувам се	[ʃegúvam se]
brincar, jogar (crianças)	играя	[igrája]
buscar (vt)	търся	[térsʲa]
caçar (vi)	ловувам	[lovúvam]
cair (vi)	падам	[pádam]
cavar (vt)	ровя	[róvʲa]
cessar (vt)	прекратявам	[prekratʲávam]
chamar (~ por socorro)	викам	[víkam]
chegar (vi)	пристигам	[pristígam]
chorar (vi)	плача	[plátʃa]
começar (vt)	започвам	[zapótʃvam]
comparar (vt)	сравнявам	[sravnʲávam]

compreender (vt)	разбирам	[razbíram]
concordar (vi)	съгласявам се	[səglasʲávam se]
confiar (vt)	доверявам	[doverʲávam]
confundir (equivocar-se)	обърквам	[obérkvam]
conhecer (vt)	познавам	[poznávam]
contar (fazer contas)	броя	[brojá]
contar com (esperar)	разчитам на ...	[rastʃítam na]
continuar (vt)	продължавам	[prodəlʒávam]
controlar (vt)	контролирам	[kontrolíram]
convidar (vt)	каня	[kánʲa]
correr (vi)	бягам	[bʲágam]
criar (vt)	създам	[səzdám]
custar (vt)	струвам	[strúvam]

11. Os verbos mais importantes. Parte 2

dar (vt)	давам	[dávam]
dar uma dica	намеквам	[namékvam]
decorar (enfeitar)	украсявам	[ukrasʲávam]
defender (vt)	защитавам	[zaʃtitávam]
deixar cair (vt)	изтървавам	[istərvávam]
descer (para baixo)	слизам	[slízam]
desculpar (vt)	извинявам	[izvinʲávam]
dirigir (~ uma empresa)	ръководя	[rəkovódʲa]
discutir (notícias, etc.)	обсъждам	[obséʒdam]
dizer (vt)	кажа	[káʒa]
duvidar (vt)	съмнявам се	[səmnʲávam se]
encontrar (achar)	намирам	[namíram]
enganar (vt)	лъжа	[léʒa]
entrar (na sala, etc.)	влизам	[vlízam]
enviar (uma carta)	изпращам	[ispráʃtam]
errar (equivocar-se)	греша	[greʃá]
escolher (vt)	избирам	[izbíram]
esconder (vt)	крия	[kríja]
escrever (vt)	пиша	[píʃa]
esperar (o autocarro, etc.)	чакам	[tʃákam]
esperar (ter esperança)	надявам се	[nadʲávam se]
esquecer (vt)	забравям	[zabrávʲam]
estudar (vt)	изучавам	[izutʃávam]
exigir (vt)	изисквам	[izískvam]
existir (vi)	съществувам	[səʃtestvúvam]
explicar (vt)	обяснявам	[obʲasnʲávam]
falar (vi)	говоря	[govórʲa]
faltar (clases, etc.)	пропускам	[propúskam]
fazer (vt)	правя	[právʲa]
ficar em silêncio	мълча	[məltʃá]
gabar-se, jactar-se (vr)	хваля се	[hválʲa se]

gostar (apreciar)	харесвам	[harésvam]
gritar (vi)	викам	[víkam]
guardar (cartas, etc.)	съхранявам	[səhranʲávam]
informar (vt)	информирам	[informíram]
insistir (vi)	настоявам	[nastojávam]
insultar (vt)	оскърбявам	[oskərbʲávam]
interessar-se (vr)	интересувам се	[interesúvam se]
ir (a pé)	вървя	[vərvʲá]
ir nadar	къпя се	[képʲa se]
jantar (vi)	вечерям	[vetʃérʲam]

12. Os verbos mais importantes. Parte 3

ler (vt)	чета	[tʃeta]
libertar (cidade, etc.)	освобождавам	[osvoboʒdávam]
matar (vt)	убивам	[ubívam]
mencionar (vt)	споменавам	[spomenávam]
mostrar (vt)	показвам	[pokázvam]
mudar (modificar)	сменям	[sménʲam]
nadar (vi)	плувам	[plúvam]
negar-se (vt)	отказвам се	[otkázvam se]
objetar (vt)	възразявам	[vəzrazʲávam]
observar (vt)	наблюдавам	[nablʲudávam]
ordenar (mil.)	заповядвам	[zapovʲádvam]
ouvir (vt)	чувам	[tʃúvam]
pagar (vt)	плащам	[pláʃtam]
parar (vi)	спирам се	[spíram se]
participar (vi)	участвам	[utʃástvam]
pedir (comida)	поръчвам	[porétʃvam]
pedir (um favor, etc.)	моля	[mólʲa]
pegar (tomar)	взимам	[vzímam]
pensar (vt)	мисля	[míslʲa]
perceber (ver)	забелязвам	[zabelʲázvam]
perdoar (vt)	прощавам	[proʃtávam]
perguntar (vt)	питам	[pítam]
permitir (vt)	разрешавам	[razreʃávam]
pertencer (vt)	принадлежа …	[prinadleʒá]
planear (vt)	планирам	[planíram]
poder (vi)	мога	[móga]
possuir (vt)	владея	[vladéja]
preferir (vt)	предпочитам	[pretpotʃítam]
preparar (vt)	готвя	[gótvʲa]
prever (vt)	предвиждам	[predvíʒdam]
prometer (vt)	обещавам	[obeʃtávam]
pronunciar (vt)	произнасям	[proiznásʲam]
propor (vt)	предлагам	[predlágam]
punir (castigar)	наказвам	[nakázvam]

13. Os verbos mais importantes. Parte 4

quebrar (vt)	чупя	[tʃúpʲa]
queixar-se (vr)	оплаквам се	[oplákvam se]
querer (desejar)	искам	[ískam]
recomendar (vt)	съветвам	[səvétvam]
repetir (dizer outra vez)	повтарям	[poftárʲam]
repreender (vt)	ругая	[rugája]
reservar (~ um quarto)	резервирам	[rezervíram]
responder (vt)	отговарям	[otgovárʲam]
rezar, orar (vi)	моля се	[mólʲa se]
rir (vi)	смея се	[sméja se]
roubar (vt)	крада	[kradá]
saber (vt)	знам	[znam]
sair (~ de casa)	излизам	[izlízam]
salvar (vt)	спасявам	[spasʲávam]
seguir ...	вървя след ...	[varvʲá slet]
sentar-se (vr)	сядам	[sʲádam]
ser necessário	трябвам	[trʲábvam]
ser, estar	съм, бъда	[səm], [bə́da]
significar (vt)	означавам	[oznatʃávam]
sorrir (vi)	усмихвам се	[usmíhvam se]
subestimar (vt)	недооценявам	[nedootsenʲávam]
surpreender-se (vr)	удивлявам се	[udivlʲávam se]
tentar (vt)	опитвам се	[opítvam se]
ter (vt)	имам	[ímam]
ter fome	искам да ям	[ískam da jam]
ter medo	страхувам се	[strahúvam se]
ter sede	искам да пия	[ískam da píja]
tocar (com as mãos)	пипам	[pípam]
tomar o pequeno-almoço	закусвам	[zakúsvam]
trabalhar (vi)	работя	[rabótʲa]
traduzir (vt)	превеждам	[prevéʒdam]
unir (vt)	обединявам	[obedinʲávam]
vender (vt)	продавам	[prodávam]
ver (vt)	виждам	[víʒdam]
virar (ex. ~ à direita)	завивам	[zavívam]
voar (vi)	летя	[letʲá]

14. Cores

cor (f)	цвят (м)	[tsvʲat]
matiz (m)	оттенък (м)	[otténək]
tom (m)	тон (м)	[ton]
arco-íris (m)	небесна дъга (ж)	[nebésna dəgá]
branco	бял	[bʲal]

preto	черен	[tʃéren]
cinzento	сив	[siv]

verde	зелен	[zelén]
amarelo	жълт	[ʒəlt]
vermelho	червен	[tʃervén]

azul	син	[sin]
azul claro	небесносин	[nebesnosín]
rosa	розов	[rózov]
laranja	оранжев	[oránʒev]
violeta	виолетов	[violétov]
castanho	кафяв	[kafʲáv]

dourado	златен	[zláten]
prateado	сребрист	[srebríst]

bege	бежов	[béʒov]
creme	кремав	[krémaʃ]
turquesa	тюркоазен	[tʲurkoázen]
vermelho cereja	вишнев	[víʃnev]
lilás	лилав	[liláʃ]
carmesim	малинов	[malínov]

claro	светъл	[svétəl]
escuro	тъмен	[témen]
vivo	ярък	[járək]

de cor	цветен	[tsvéten]
a cores	цветен	[tsvéten]
preto e branco	черно-бял	[tʃérno-bʲal]
unicolor	едноцветен	[edno·tsvéten]
multicor	многоцветен	[mnogo·tsvéten]

15. Questões

Quem?	Кой?	[koj]
Que?	Какво?	[kakvó]
Onde?	Къде?	[kədé]
Para onde?	Къде?	[kədé]
De onde?	Откъде?	[otkədé]
Quando?	Кога?	[kogá]
Para quê?	За какво?	[za kakvó]
Porquê?	Защо?	[zaʃtó]
Para quê?	За какво?	[za kakvó]
Como?	Как?	[kak]
Qual? (entre dois ou mais)	Кой?	[koj]

A quem?	На кого?	[na kogó]
Sobre quem?	За кого?	[za kogó]
Do quê?	За какво?	[za kakvó]
Com quem?	С кого?	[s kogó]
Quanto, -os, -as?	Колко?	[kólko]
De quem? (masc.)	Чий?	[tʃij]

16. Preposições

com (prep.)	с ...	[s]
sem (prep.)	без	[bez]
a, para (exprime lugar)	в, във	[v], [vəf]
sobre (ex. falar ~)	за	[za]
antes de ...	преди	[predí]
diante de ...	пред ...	[pret]
sob (debaixo de)	под	[pot]
sobre (em cima de)	над	[nat]
sobre (~ a mesa)	върху	[vərhú]
de (vir ~ Lisboa)	от	[ot]
de (feito ~ pedra)	от	[ot]
dentro de (~ dez minutos)	след	[slet]
por cima de ...	през	[pres]

17. Palavras funcionais. Advérbios. Parte 1

Onde?	Къде?	[kədé]
aqui	тук	[tuk]
lá, ali	там	[tam]
em algum lugar	някъде	[nʲákəde]
em lugar nenhum	никъде	[níkəde]
ao pé de ...	до ...	[do]
ao pé da janela	до прозореца	[do prozóretsa]
Para onde?	Къде?	[kədé]
para cá	тук	[tuk]
para lá	нататък	[natátək]
daqui	оттук	[ottúk]
de lá, dali	оттам	[ottám]
perto	близо	[blízo]
longe	далече	[dalétʃe]
perto de ...	до	[do]
ao lado de	редом	[rédom]
perto, não fica longe	недалече	[nedalétʃe]
esquerdo	ляв	[lʲav]
à esquerda	отляво	[otlʲávo]
para esquerda	вляво	[vlʲávo]
direito	десен	[désen]
à direita	отдясно	[otdʲásno]
para direita	вдясно	[vdʲásno]
à frente	отпред	[otprét]
da frente	преден	[préden]

em frente (para a frente)	напред	[naprét]
atrás de ...	отзад	[otzát]
por detrás (vir ~)	отзад	[otzát]
para trás	назад	[nazát]

meio (m), metade (f)	среда (ж)	[sredá]
no meio	по средата	[po sredáta]

de lado	встрани	[fstraní]
em todo lugar	навсякъде	[nafsʲákəde]
ao redor (olhar ~)	наоколо	[naókolo]

de dentro	отвътре	[otvétre]
para algum lugar	някъде	[nʲákəde]
diretamente	направо	[naprávo]
de volta	обратно	[obrátno]

de algum lugar	откъдето и да е	[otkədéto i da e]
de um lugar	отнякъде	[otnʲákəde]

em primeiro lugar	първо	[pérvo]
em segundo lugar	второ	[ftóro]
em terceiro lugar	трето	[tréto]

de repente	изведнъж	[izvednéʃ]
no início	в началото	[f natʃáloto]
pela primeira vez	за пръв път	[za prəv pét]
muito antes de ...	много време преди ...	[mnógo vréme predí]
de novo, novamente	наново	[nanóvo]
para sempre	завинаги	[zavínagi]

nunca	никога	[níkoga]
de novo	пак	[pak]
agora	сега	[segá]
frequentemente	често	[tʃésto]
então	тогава	[togáva]
urgentemente	срочно	[srótʃno]
usualmente	обикновено	[obiknovéno]

a propósito, ...	между другото ...	[méʒdu drúgoto]
é possível	възможно	[vəzmóʒno]
provavelmente	вероятно	[verojátno]
talvez	може би	[móʒe bi]
além disso, ...	освен това, ...	[osvén tová]
por isso ...	затова	[zatová]
apesar de ...	въпреки че ...	[vépreki tʃe]
graças a ...	благодарение на ...	[blagodarénie na]

que (pron.)	какво	[kakvó]
que (conj.)	че	[tʃe]
algo	нещо	[néʃto]
alguma coisa	нещо	[néʃto]
nada	нищо	[níʃto]

quem	кой	[koj]
alguém (~ teve uma ideia ...)	някой	[nʲákoj]

alguém	някой	[nʲákoj]
ninguém	никой	[níkoj]
para lugar nenhum	никъде	[níkəde]
de ninguém	ничий	[nítʃij]
de alguém	нечий	[nétʃij]
tão	така	[taká]
também (gostaria ~ de ...)	също така	[séʃto taká]
também (~ eu)	също	[séʃto]

18. Palavras funcionais. Advérbios. Parte 2

Porquê?	Защо?	[zaʃtó]
por alguma razão	кой знае защо	[koj znáe zaʃtó]
porque ...	защото ...	[zaʃtóto]
por qualquer razão	кой знае защо	[koj znáe zaʃtó]
e (tu ~ eu)	и	[i]
ou (ser ~ não ser)	или	[ilí]
mas (porém)	но	[no]
para (~ a minha mãe)	за	[za]
demasiado, muito	прекалено	[prekaléno]
só, somente	само	[sámo]
exatamente	точно	[tótʃno]
cerca de (~ 10 kg)	около	[ókolo]
aproximadamente	приблизително	[priblizítelno]
aproximado	приблизителен	[priblizítelen]
quase	почти	[potʃtí]
resto (m)	остатък (м)	[ostátək]
o outro (segundo)	друг	[druk]
outro	друг	[druk]
cada	всеки	[fséki]
qualquer	всеки	[fséki]
muito	много	[mnógo]
muitas pessoas	много	[mnógo]
todos	всички	[fsítʃki]
em troca de ...	в обмяна на ...	[v obmʲána na]
em troca	в замяна	[v zamʲána]
à mão	ръчно	[rétʃno]
pouco provável	едва ли	[edvá li]
provavelmente	вероятно	[verojátno]
de propósito	специално	[spetsiálno]
por acidente	случайно	[slutʃájno]
muito	много	[mnógo]
por exemplo	например	[naprímer]
entre	между	[meʒdú]
entre (no meio de)	сред	[sret]
tanto	толкова	[tólkova]
especialmente	особено	[osóbeno]

Conceitos básicos. Parte 2

19. Dias da semana

segunda-feira (f)	понеделник (м)	[ponedélnik]
terça-feira (f)	вторник (м)	[ftórnik]
quarta-feira (f)	сряда (ж)	[srʲáda]
quinta-feira (f)	четвъртък (м)	[tʃetvértək]
sexta-feira (f)	петък (м)	[pétək]
sábado (m)	събота (ж)	[sébota]
domingo (m)	неделя (ж)	[nedélʲa]
hoje	днес	[dnes]
amanhã	утре	[útre]
depois de amanhã	вдругиден	[vdrugidén]
ontem	вчера	[vtʃéra]
anteontem	завчера	[závtʃera]
dia (m)	ден (м)	[den]
dia (m) de trabalho	работен ден (м)	[rabóten den]
feriado (m)	празничен ден (м)	[práznitʃen den]
dia (m) de folga	почивен ден (м)	[potʃíven dén]
fim (m) de semana	почивни дни (м мн)	[potʃívni dni]
o dia todo	цял ден	[tsʲal den]
no dia seguinte	на следващия ден	[na slédvaʃtija den]
há dois dias	преди два дена	[predí dva déna]
na véspera	в навечерието	[v navetʃérieto]
diário	всекидневен	[fsekidnéven]
todos os dias	всекидневно	[fsekidnévno]
semana (f)	седмица (ж)	[sédmitsa]
na semana passada	през миналата седмица	[pres mínalata sédmitsa]
na próxima semana	през следващата седмица	[pres slédvaʃtata sédmitsa]
semanal	седмичен	[sédmitʃen]
cada semana	седмично	[sédmitʃno]
duas vezes por semana	два пъти на седмица	[dva petí na sédmitsa]
cada terça-feira	всеки вторник	[fséki ftórnik]

20. Horas. Dia e noite

manhã (f)	сутрин (ж)	[sútrin]
de manhã	сутринта	[sutrintá]
meio-dia (m)	пладне (с)	[pládne]
à tarde	следобед	[sledóbet]
noite (f)	вечер (ж)	[vétʃer]
à noite (noitinha)	вечер	[vétʃer]

noite (f)	нощ (ж)	[noʃt]
à noite	нощем	[nóʃtem]
meia-noite (f)	полунощ (ж)	[polunóʃt]
segundo (m)	секунда (ж)	[sekúnda]
minuto (m)	минута (ж)	[minúta]
hora (f)	час (м)	[tʃas]
meia hora (f)	половин час (м)	[polovín tʃas]
quarto (m) de hora	четвърт (ж) час	[tʃétvərt tʃas]
quinze minutos	петнадесет минути	[petnádeset minúti]
vinte e quatro horas	денонощие (с)	[denonóʃtie]
nascer (m) do sol	изгрев слънце (с)	[ízgrev sléntsə]
amanhecer (m)	разсъмване (с)	[rassəmvane]
madrugada (f)	ранна сутрин (ж)	[ránna sútrin]
pôr do sol (m)	залез (м)	[zález]
de madrugada	рано сутрин	[ráno sútrin]
hoje de manhã	тази сутрин	[tázi sútrin]
amanhã de manhã	утре сутрин	[útre sútrin]
hoje à tarde	днес през деня	[dnes pres denʲá]
à tarde	следобед	[sledóbet]
amanhã à tarde	утре следобед	[útre sledóbet]
hoje à noite	довечера	[dovétʃera]
amanhã à noite	утре вечер	[útre vétʃer]
às três horas em ponto	точно в три часа	[tótʃno v tri tʃasá]
por volta das quatro	около четири часа	[ókolo tʃétiri tʃasá]
às doze	към дванадесет часа	[kəm dvanádeset tʃasá]
dentro de vinte minutos	след двадесет минути	[slet dvádeset minúti]
dentro duma hora	след един час	[slet edín tʃas]
a tempo	навреме	[navréme]
menos um quarto	без четвърт ...	[bes tʃétvərt]
durante uma hora	в течение на един час	[v tetʃénie na edín tʃas]
a cada quinze minutos	на всеки петнадесет минути	[na fséki petnádeset minúti]
as vinte e quatro horas	цяло денонощие	[tsʲálo denonóʃtie]

21. Meses. Estações

janeiro (m)	януари (м)	[januári]
fevereiro (m)	февруари (м)	[fevruári]
março (m)	март (м)	[mart]
abril (m)	април (м)	[apríl]
maio (m)	май (м)	[maj]
junho (m)	юни (м)	[júni]
julho (m)	юли (м)	[júli]
agosto (m)	август (м)	[ávgust]
setembro (m)	септември (м)	[septémvri]

outubro (m)	октомври (м)	[októmvri]
novembro (m)	ноември (м)	[noémvri]
dezembro (m)	декември (м)	[dekémvri]

primavera (f)	пролет (ж)	[prólet]
na primavera	през пролетта	[prez prolettá]
primaveril	пролетен	[próleten]

verão (m)	лято (с)	[lʲáto]
no verão	през лятото	[prez lʲátoto]
de verão	летен	[léten]

outono (m)	есен (ж)	[ésen]
no outono	през есента	[prez esentá]
outonal	есенен	[ésenen]

inverno (m)	зима (ж)	[zíma]
no inverno	през зимата	[prez zímata]
de inverno	зимен	[zímen]

mês (m)	месец (м)	[ḿesets]
este mês	през този месец	[pres tózi ḿesets]
no próximo mês	през следващия месец	[prez slédvaʃtija ḿesets]
no mês passado	през миналия месец	[prez mínalija ḿesets]

há um mês	преди един месец	[predí edín ḿesets]
dentro de um mês	след един месец	[slet edín ḿesets]
dentro de dois meses	след два месеца	[slet dva ḿesetsa]
todo o mês	цял месец	[tsʲal ḿesets]
um mês inteiro	цял месец	[tsʲal ḿesets]

mensal	месечен	[ḿesetʃen]
mensalmente	месечно	[ḿesetʃno]
cada mês	всеки месец	[fséki ḿesets]
duas vezes por mês	два пъти на месец	[dva pắti na ḿesets]

ano (m)	година (ж)	[godína]
este ano	тази година	[tázi godína]
no próximo ano	през следващата година	[prez slédvaʃtata godína]
no ano passado	през миналата година	[prez mínalata godína]

há um ano	преди една година	[predí edná godína]
dentro dum ano	след една година	[slet edná godína]
dentro de 2 anos	след две години	[slet dve godíni]
todo o ano	цяла година	[tsʲála godína]
um ano inteiro	цяла година	[tsʲála godína]

cada ano	всяка година	[fsʲáka godína]
anual	ежегоден	[eʒegóden]
anualmente	ежегодно	[eʒegódno]
quatro vezes por ano	четири пъти годишно	[tʃétiri pắti godíʃno]

data (~ de hoje)	число (с)	[tʃisló]
data (ex. ~ de nascimento)	дата (ж)	[dáta]
calendário (m)	календар (м)	[kalendár]
meio ano	половин година	[polovín godína]

seis meses	полугодие (с)	[polugódie]
estação (f)	сезон (м)	[sezón]
século (m)	век (м)	[vek]

22. Unidades de medida

peso (m)	тегло (с)	[tegló]
comprimento (m)	дължина (ж)	[dəɮiná]
largura (f)	широчина (ж)	[ʃirotʃiná]
altura (f)	височина (ж)	[visotʃiná]
profundidade (f)	дълбочина (ж)	[dəlbotʃiná]
volume (m)	обем (м)	[obém]
área (f)	площ (ж)	[ploʃt]

grama (m)	грам (м)	[gram]
miligrama (m)	милиграм (м)	[miligrám]
quilograma (m)	килограм (м)	[kilográm]
tonelada (f)	тон (м)	[ton]
libra (453,6 gramas)	фунт (м)	[funt]
onça (f)	унция (ж)	[úntsija]

metro (m)	метър (м)	[métər]
milímetro (m)	милиметър (м)	[milimétər]
centímetro (m)	сантиметър (м)	[santimétər]
quilómetro (m)	километър (м)	[kilométər]
milha (f)	миля (ж)	[mílʲa]

polegada (f)	дюйм (м)	[dʲujm]
pé (304,74 mm)	фут (м)	[fut]
jarda (914,383 mm)	ярд (м)	[jart]

metro (m) quadrado	квадратен метър (м)	[kvadráten métər]
hectare (m)	хектар (м)	[hektár]

litro (m)	литър (м)	[lítər]
grau (m)	градус (м)	[grádus]
volt (m)	волт (м)	[volt]
ampere (m)	ампер (м)	[ampér]
cavalo-vapor (m)	конска сила (ж)	[kónska síla]

quantidade (f)	количество (с)	[kolítʃestvo]
um pouco de ...	малко ...	[málko]
metade (f)	половина (ж)	[polovína]
dúzia (f)	дузина (ж)	[duzína]
peça (f)	брой (м)	[broj]

dimensão (f)	размер (м)	[razmér]
escala (f)	мащаб (м)	[maʃtáp]

mínimo	минимален	[minimálen]
menor, mais pequeno	най-малък	[naj-málək]
médio	среден	[sréden]
máximo	максимален	[maksimálen]
maior, mais grande	най-голям	[naj-golʲám]

23. Recipientes

boião (m) de vidro	буркан (м)	[burkán]
lata (~ de cerveja)	тенекия (ж)	[tenekíja]
balde (m)	кофа (ж)	[kófa]
barril (m)	бъчва (ж)	[bétʃva]

bacia (~ de plástico)	леген (м)	[legén]
tanque (m)	резервоар (м)	[rezervoár]
cantil (m) de bolso	манерка (ж)	[manérka]
bidão (m) de gasolina	туба (ж)	[túba]
cisterna (f)	цистерна (ж)	[tsistérna]

caneca (f)	чаша (ж)	[tʃáʃa]
chávena (f)	чаша (ж)	[tʃáʃa]
pires (m)	чинийка (ж)	[tʃiníjka]
copo (m)	стакан (м)	[stakán]
taça (f) de vinho	чаша (ж) за вино	[tʃáʃa za víno]
panela, caçarola (f)	тенджера (ж)	[téndʒera]

garrafa (f)	бутилка (ж)	[butílka]
gargalo (m)	гърло (с) на бутилка	[gárlo na butílka]

jarro, garrafa (f)	гарафа (ж)	[garáfa]
jarro (m) de barro	кана (ж)	[kána]
recipiente (m)	съд (м)	[set]
pote (m)	гърне (с)	[gərné]
vaso (m)	ваза (ж)	[váza]

frasco (~ de perfume)	шишенце (с)	[ʃiʃéntse]
frasquinho (ex. ~ de iodo)	шишенце (с)	[ʃiʃéntse]
tubo (~ de pasta dentífrica)	тубичка (ж)	[túbitʃka]

saca (ex. ~ de açúcar)	чувал (м)	[tʃuvál]
saco (~ de plástico)	плик (м)	[plik]
maço (m)	кутия (ж)	[kutíja]

caixa (~ de sapatos, etc.)	кутия (ж)	[kutíja]
caixa (~ de madeira)	щайга (ж)	[ʃtájga]
cesta (f)	кошница (ж)	[kóʃnitsa]

O SER HUMANO

O ser humano. O corpo

24. Cabeça

cabeça (f)	глава (ж)	[glavá]
cara (f)	лице (с)	[litsé]
nariz (m)	нос (м)	[nos]
boca (f)	уста (ж)	[ustá]
olho (m)	око (с)	[okó]
olhos (m pl)	очи (с мн)	[otʃí]
pupila (f)	зеница (ж)	[zénitsa]
sobrancelha (f)	вежда (ж)	[véʒda]
pestana (f)	мигла (ж)	[mígla]
pálpebra (f)	клепач (м)	[klepátʃ]
língua (f)	език (м)	[ezík]
dente (m)	зъб (м)	[zəp]
lábios (m pl)	устни (ж мн)	[ústni]
maçãs (f pl) do rosto	скули (ж мн)	[skúli]
gengiva (f)	венец (м)	[venéts]
paladar (m)	небце (с)	[nebtsé]
narinas (f pl)	ноздри (ж мн)	[nózdri]
queixo (m)	брадичка (ж)	[bradítʃka]
mandíbula (f)	челюст (ж)	[tʃélʲust]
bochecha (f)	буза (ж)	[búza]
testa (f)	чело (с)	[tʃeló]
têmpora (f)	слепоочие (с)	[slepoótʃie]
orelha (f)	ухо (с)	[uhó]
nuca (f)	тил (м)	[til]
pescoço (m)	шия (ж)	[ʃíja]
garganta (f)	гърло (с)	[gérlo]
cabelos (m pl)	коса (ж)	[kosá]
penteado (m)	прическа (ж)	[pritʃéska]
corte (m) de cabelo	подстригване (с)	[potstrígvane]
peruca (f)	перука (ж)	[perúka]
bigode (m)	мустаци (м мн)	[mustátsi]
barba (f)	брада (ж)	[bradá]
usar, ter (~ barba, etc.)	нося	[nósʲa]
trança (f)	коса (ж)	[kosá]
suíças (f pl)	бакенбарди (мн)	[bakenbárdi]
ruivo	червенокос	[tʃervenokós]
grisalho	беловлас	[belovlás]

calvo	плешив	[pleʃív]
calva (f)	плешивина (ж)	[pleʃiviná]
rabo-de-cavalo (m)	опашка (ж)	[opáʃka]
franja (f)	бретон (м)	[bretón]

25. Corpo humano

mão (f)	китка (ж)	[kítka]
braço (m)	ръка (ж)	[rəká]
dedo (m)	пръст (м)	[prəst]
dedo (m) do pé	пръст (м) на крак	[prəst na krak]
polegar (m)	палец (м)	[pálets]
dedo (m) mindinho	кутре (с)	[kutré]
unha (f)	нокът (м)	[nókət]
punho (m)	юмрук (м)	[jumrúk]
palma (f) da mão	длан (ж)	[dlan]
pulso (m)	китка (ж)	[kítka]
antebraço (m)	предмишница (ж)	[predmíʃnitsa]
cotovelo (m)	лакът (м)	[lákət]
ombro (m)	рамо (с)	[rámo]
perna (f)	крак (м)	[krak]
pé (m)	ходило (с)	[hodílo]
joelho (m)	коляно (с)	[kolʲáno]
barriga (f) da perna	прасец (м)	[praséts]
anca (f)	бедро (с)	[bedró]
calcanhar (m)	пета (ж)	[petá]
corpo (m)	тяло (с)	[tʲálo]
barriga (f)	корем (м)	[korém]
peito (m)	гръд (ж)	[grəd]
seio (m)	женска гръд (ж)	[ʒénska grəd]
lado (m)	страна (ж)	[straná]
costas (f pl)	гръб (м)	[grəp]
região (f) lombar	кръст (м)	[krəst]
cintura (f)	талия (ж)	[tálija]
umbigo (m)	пъп (м)	[pəp]
nádegas (f pl)	седалище (с)	[sedáliʃte]
traseiro (m)	задник (м)	[zádnik]
sinal (m)	бенка (ж)	[bénka]
sinal (m) de nascença	родилно петно (с)	[rodílno petnó]
tatuagem (f)	татуировка (ж)	[tatuirófka]
cicatriz (f)	белег (м)	[bélek]

Vestuário & Acessórios

26. Roupa exterior. Casacos

roupa (f)	облекло (c)	[oblekló]
roupa (f) exterior	горни дрехи (ж мн)	[górni dréhi]
roupa (f) de inverno	зимни дрехи (ж мн)	[zímni dréhi]
sobretudo (m)	палто (c)	[paltó]
casaco (m) de peles	кожено палто (c)	[kóʒeno paltó]
casaco curto (m) de peles	полушубка (ж)	[poluʃúpka]
casaco (m) acolchoado	пухено яке (c)	[púheno jáke]
casaco, blusão (m)	яке (c)	[jáke]
impermeável (m)	шлифер (м)	[ʃlífer]
impermeável	непромокаем	[nepromokáem]

27. Vestuário de homem & mulher

camisa (f)	риза (ж)	[ríza]
calças (f pl)	панталон (м)	[pantalón]
calças (f pl) de ganga	дънки, джинси (мн)	[dǝ́nki], [dʒínsi]
casaco (m) de fato	сако (c)	[sakó]
fato (m)	костюм (м)	[kostʲúm]
vestido (ex. ~ vermelho)	рокля (ж)	[róklʲa]
saia (f)	пола (ж)	[polá]
blusa (f)	блуза (ж)	[blúza]
casaco (m) de malha	жилетка (ж)	[ʒilétka]
casaco, blazer (m)	сако (c)	[sakó]
T-shirt, camiseta (f)	тениска (ж)	[téniska]
calções (Bermudas, etc.)	къси панталони (м мн)	[kǝ́si pantalóni]
fato (m) de treino	анцуг (м)	[ántsuk]
roupão (m) de banho	хавлиен халат (м)	[havlíen halát]
pijama (m)	пижама (ж)	[piʒáma]
suéter (m)	пуловер (м)	[pulóver]
pulôver (m)	пуловер (м)	[pulóver]
colete (m)	елек (м)	[elék]
fraque (m)	фрак (м)	[frak]
smoking (m)	смокинг (м)	[smóking]
uniforme (m)	униформа (ж)	[unifórma]
roupa (f) de trabalho	работно облекло (c)	[rabótno oblekló]
fato-macaco (m)	гащеризон (м)	[gaʃterizón]
bata (~ branca, etc.)	бяла престилка (ж)	[bʲála prestílka]

28. Vestuário. Roupa interior

roupa (f) interior	бельо (с)	[belʲó]
cuecas boxer (f pl)	боксер (м)	[boksér]
cuecas (f pl)	прашка (ж)	[práʃka]
camisola (f) interior	потник (м)	[pótnik]
peúgas (f pl)	чорапи (м мн)	[tʃorápi]
camisa (f) de noite	нощница (ж)	[nóʃtnitsa]
sutiã (m)	сутиен (м)	[sutién]
meias longas (f pl)	чорапи три четвърт (м мн)	[tʃorápi tri tʃétvərt]
meias-calças (f pl)	чорапогащник (м)	[tʃorapogáʃtnik]
meias (f pl)	чорапи (м мн)	[tʃorápi]
fato (m) de banho	бански костюм (м)	[bánski kostʲúm]

29. Adereços de cabeça

chapéu (m)	шапка (ж)	[ʃápka]
chapéu (m) de feltro	шапка (ж)	[ʃápka]
boné (m) de beisebol	шапка (ж) с козирка	[ʃápka s kozirká]
boné (m)	каскет (м)	[kaskét]
boina (f)	барета (ж)	[baréta]
capuz (m)	качулка (ж)	[katʃúlka]
panamá (m)	панама (ж)	[panáma]
gorro (m) de malha	плетена шапка (ж)	[plétena ʃápka]
lenço (m)	кърпа (ж)	[kə́rpa]
chapéu (m) de mulher	шапка (ж)	[ʃápka]
capacete (m) de proteção	каска (ж)	[káska]
bivaque (m)	пилотка (ж)	[pilótka]
capacete (m)	шлем (м)	[ʃlem]
chapéu-coco (m)	бомбе (с)	[bombé]
chapéu (m) alto	цилиндър (м)	[tsilíndər]

30. Calçado

calçado (m)	обувки (ж мн)	[obúfki]
botinas (f pl)	ботинки (мн)	[botínki]
sapatos (de salto alto, etc.)	обувки (ж мн)	[obúfki]
botas (f pl)	ботуши (м мн)	[botúʃi]
pantufas (f pl)	чехли (м мн)	[tʃéhli]
ténis (m pl)	маратонки (ж мн)	[maratónki]
sapatilhas (f pl)	кецове (м мн)	[kétsove]
sandálias (f pl)	сандали (мн)	[sandáli]
sapateiro (m)	обущар (м)	[obuʃtár]
salto (m)	ток (м)	[tok]

par (m)	чифт (м)	[tʃift]
atacador (m)	връзка (ж)	[vréska]
apertar os atacadores	връзвам	[vrézvam]
calçadeira (f)	обувалка (ж)	[obuválka]
graxa (f) para calçado	крем (м) за обувки	[krem za obúfki]

31. Acessórios pessoais

luvas (f pl)	ръкавици (ж мн)	[rəkavítsi]
mitenes (f pl)	ръкавици (ж мн) с един пръст	[rəkavítsi s edín pərst]
cachecol (m)	шал (м)	[ʃal]
óculos (m pl)	очила (мн)	[otʃilá]
armação (f) de óculos	рамка (ж) за очила	[rámka za otʃilá]
guarda-chuva (m)	чадър (м)	[tʃadér]
bengala (f)	бастун (м)	[bastún]
escova (f) para o cabelo	четка (ж) за коса	[tʃétka za kosá]
leque (m)	ветрило (с)	[vetrílo]
gravata (f)	вратовръзка (ж)	[vratovrézka]
gravata-borboleta (f)	папийонка (ж)	[papijónka]
suspensórios (m pl)	тиранти (мн)	[tiránti]
lenço (m)	носна кърпичка (ж)	[nósna kérpitʃka]
pente (m)	гребен (м)	[grében]
travessão (m)	шнола (ж)	[ʃnóla]
gancho (m) de cabelo	фиба (ж)	[fíba]
fivela (f)	катарама (ж)	[kataráma]
cinto (m)	колан (м)	[kolán]
correia (f)	ремък (м)	[rémək]
mala (f)	чанта (ж)	[tʃánta]
mala (f) de senhora	чантичка (ж)	[tʃántitʃka]
mochila (f)	раница (ж)	[ránitsa]

32. Vestuário. Diversos

moda (f)	мода (ж)	[móda]
na moda	модерен	[modéren]
estilista (m)	моделиер (м)	[modeliér]
colarinho (m), gola (f)	яка (ж)	[jaká]
bolso (m)	джоб (м)	[dʒop]
de bolso	джобен	[dʒóben]
manga (f)	ръкав (м)	[rəkáv]
presilha (f)	закачалка (ж)	[zakatʃálka]
braguilha (f)	копчелък (м)	[koptʃelék]
fecho (m) de correr	цип (м)	[tsip]
fecho (m), colchete (m)	закопчалка (ж)	[zakoptʃálka]

botão (m)	копче (с)	[kóptʃe]
casa (f) de botão	илик (м)	[ilík]
saltar (vi) (botão, etc.)	откъсна се	[otkésna se]

coser, costurar (vi)	шия	[ʃíja]
bordar (vt)	бродирам	[brodíram]
bordado (m)	бродерия (ж)	[brodérija]
agulha (f)	игла (ж)	[iglá]
fio (m)	конец (м)	[konéts]
costura (f)	тегел (м)	[tegél]

sujar-se (vr)	изцапам се	[istsápam se]
mancha (f)	петно (с)	[petnó]
engelhar-se (vr)	смачкам се	[smátʃkam se]
rasgar (vt)	скъсам	[skésam]
traça (f)	молец (м)	[moléts]

33. Cuidados pessoais. Cosméticos

pasta (f) de dentes	паста (ж) за зъби	[pásta za zébi]
escova (f) de dentes	четка (ж) за зъби	[tʃétka za zébi]
escovar os dentes	мия си зъбите	[míja si zébite]

máquina (f) de barbear	бръснач (м)	[brəsnátʃ]
creme (m) de barbear	крем (м) за бръснене	[krem za brésnene]
barbear-se (vr)	бръсна се	[brésna se]

sabonete (m)	сапун (м)	[sapún]
champô (m)	шампоан (м)	[ʃampoán]

tesoura (f)	ножица (ж)	[nóʒitsa]
lima (f) de unhas	пиличка (ж) за нокти	[pílitʃka za nókti]
corta-unhas (m)	ножичка (ж) за нокти	[nóʒitʃka za nókti]
pinça (f)	пинсета (ж)	[pinséta]

cosméticos (m pl)	козметика (ж)	[kozmétika]
máscara (f) facial	маска (ж)	[máska]
manicura (f)	маникюр (м)	[manikʲúr]
fazer a manicura	правя маникюр	[právʲa manikʲúr]
pedicure (f)	педикюр (м)	[pedikʲúr]

mala (f) de maquilhagem	козметична чантичка (ж)	[kozmetítʃna tʃántitʃka]
pó (m)	пудра (ж)	[púdra]
caixa (f) de pó	пудриера (ж)	[pudriéra]
blush (m)	руж (ж)	[ruʃ]

perfume (m)	парфюм (м)	[parfʲúm]
água (f) de toilette	тоалетна вода (ж)	[toalétna vodá]
loção (f)	лосион (м)	[losión]
água-de-colónia (f)	одеколон (м)	[odekolón]

sombra (f) de olhos	сенки (ж мн) за очи	[sénki za otʃí]
lápis (m) delineador	молив (м) за очи	[móliv za otʃí]
máscara (f), rímel (m)	спирала (ж)	[spirála]

batom (m)	червило (c)	[tʃervílo]
verniz (m) de unhas	лак (м) за нокти	[lak za nókti]
laca (f) para cabelos	лак (м) за коса	[lak za kosá]
desodorizante (m)	дезодорант (м)	[dezodoránt]
creme (m)	крем (м)	[krem]
creme (m) de rosto	крем (м) за лице	[krem za litsé]
creme (m) de mãos	крем (м) за ръце	[krem za rətsé]
creme (m) antirrugas	крем (м) срещу бръчки	[krem sreʃtú brétʃki]
creme (m) de dia	дневен крем (м)	[dnéven krem]
creme (m) de noite	нощен крем (м)	[nóʃten krem]
de dia	дневен	[dnéven]
da noite	нощен	[nóʃten]
tampão (m)	тампон (м)	[tampón]
papel (m) higiénico	тоалетна хартия (ж)	[toalétna hartíja]
secador (m) elétrico	сешоар (м)	[seʃoár]

34. Relógios de pulso. Relógios

relógio (m) de pulso	часовник (м)	[tʃasóvnik]
mostrador (m)	циферблат (м)	[tsiferblát]
ponteiro (m)	стрелка (ж)	[strelká]
bracelete (f) em aço	гривна (ж)	[grívna]
bracelete (f) em pele	каишка (ж)	[kaíʃka]
pilha (f)	батерия (ж)	[batérija]
descarregar-se	батерията се изтощи	[batérijata se istoʃtí]
trocar a pilha	сменям батерия	[smén^jam batérija]
estar adiantado	избързвам	[izbérzvam]
estar atrasado	изоставам	[izostávam]
relógio (m) de parede	стенен часовник (м)	[sténen tʃasóvnik]
ampulheta (f)	пясъчен часовник (м)	[pʲásətʃen tʃasóvnik]
relógio (m) de sol	слънчев часовник (м)	[sléntʃev tʃasóvnik]
despertador (m)	будилник (м)	[budílnik]
relojoeiro (m)	часовникар (м)	[tʃasovnikár]
reparar (vt)	поправям	[poprávʲam]

Alimantação. Nutrição

35. Comida

carne (f)	месо (с)	[mesó]
galinha (f)	кокошка (ж)	[kokóʃka]
frango (m)	пиле (с)	[píle]
pato (m)	патица (ж)	[pátitsa]
ganso (m)	гъска (ж)	[géska]
caça (f)	дивеч (ж)	[dívetʃ]
peru (m)	пуйка (ж)	[pújka]
carne (f) de porco	свинско (с)	[svínsko]
carne (f) de vitela	телешко месо (с)	[téleʃko mesó]
carne (f) de carneiro	агнешко (с)	[ágneʃko]
carne (f) de vaca	говеждо (с)	[govéʒdo]
carne (f) de coelho	питомен заек (м)	[pítomen záek]
chouriço, salsichão (m)	салам (м)	[salám]
salsicha (f)	кренвирш (м)	[krénvirʃ]
bacon (m)	бекон (м)	[bekón]
fiambre (f)	шунка (ж)	[ʃúnka]
presunto (m)	бут (м)	[but]
patê (m)	пастет (м)	[pastét]
fígado (m)	черен дроб (м)	[tʃéren drop]
carne (f) moída	кайма (ж)	[kajmá]
língua (f)	език (м)	[ezík]
ovo (m)	яйце (с)	[jajtsé]
ovos (m pl)	яйца (с мн)	[jajtsá]
clara (f) do ovo	белтък (м)	[belték]
gema (f) do ovo	жълтък (м)	[ʒəlték]
peixe (m)	риба (ж)	[ríba]
marisco (m)	морски продукти (м мн)	[mórski prodúkti]
caviar (m)	хайвер (м)	[hajvér]
caranguejo (m)	морски рак (м)	[mórski rak]
camarão (m)	скарида (ж)	[skarída]
ostra (f)	стрида (ж)	[strída]
lagosta (f)	лангуста (ж)	[langústa]
polvo (m)	октопод (м)	[oktopót]
lula (f)	калмар (м)	[kalmár]
esturjão (m)	есетра (ж)	[esétra]
salmão (m)	сьомга (ж)	[sʲómga]
halibute (m)	палтус (м)	[páltus]
bacalhau (m)	треска (ж)	[tréska]
cavala, sarda (f)	скумрия (ж)	[skumríja]

atum (m)	риба тон (м)	[ríba ton]
enguia (f)	змиорка (ж)	[zmiórka]
truta (f)	пъстърва (ж)	[pəstérva]
sardinha (f)	сардина (ж)	[sardína]
lúcio (m)	щука (ж)	[ʃtúka]
arenque (m)	селда (ж)	[sélda]
pão (m)	хляб (м)	[hlʲap]
queijo (m)	кашкавал (м)	[kaʃkavál]
açúcar (m)	захар (ж)	[záhar]
sal (m)	сол (ж)	[sol]
arroz (m)	ориз (м)	[oríz]
massas (f pl)	макарони (мн)	[makaróni]
talharim (m)	юфка (ж)	[jufká]
manteiga (f)	краве масло (с)	[kráve masló]
óleo (m) vegetal	олио (с)	[ólio]
óleo (m) de girassol	слънчогледово масло (с)	[sləntʃoglédovo máslo]
margarina (f)	маргарин (м)	[margarín]
azeitonas (f pl)	маслини (ж мн)	[maslíni]
azeite (m)	зехтин (м)	[zehtín]
leite (m)	мляко (с)	[mlʲáko]
leite (m) condensado	сгъстено мляко (с)	[sgəsténo mlʲáko]
iogurte (m)	йогурт (м)	[jógurt]
nata (f)	сметана (ж)	[smetána]
nata (f) do leite	каймак (м)	[kajmák]
maionese (f)	майонеза (ж)	[majonéza]
creme (m)	крем (м)	[krem]
grãos (m pl) de cereais	грис, булгур (м)	[gris], [bulgúr]
farinha (f)	брашно (с)	[braʃnó]
enlatados (m pl)	консерви (ж мн)	[konsérvi]
flocos (m pl) de milho	царевичен флейкс (м)	[tsárevitʃen flejks]
mel (m)	мед (м)	[met]
doce (m)	конфитюр (м)	[konfitʲúr]
pastilha (f) elástica	дъвка (ж)	[défka]

36. Bebidas

água (f)	вода (ж)	[vodá]
água (f) potável	питейна вода (ж)	[pitéjna vodá]
água (f) mineral	минерална вода (ж)	[minerálna vodá]
sem gás	негазирана	[negazíran]
gaseificada	газирана	[gazíran]
com gás	газирана	[gazíran]
gelo (m)	лед (м)	[let]
com gelo	с лед	[s let]

sem álcool	безалкохолен	[bezalkohólen]
bebida (f) sem álcool	безалкохолна напитка (ж)	[bezalkohólna napítka]
refresco (m)	разхладителна напитка (ж)	[rashladítelna napítka]
limonada (f)	лимонада (ж)	[limonáda]
bebidas (f pl) alcoólicas	спиртни напитки (ж мн)	[spírtni napítki]
vinho (m)	вино (с)	[víno]
vinho (m) branco	бяло вино (с)	[bʲálo víno]
vinho (m) tinto	червено вино (с)	[tʃervéno víno]
licor (m)	ликьор (м)	[likʲór]
champanhe (m)	шампанско (с)	[ʃampánsko]
vermute (m)	вермут (м)	[vermút]
uísque (m)	уиски (с)	[wíski]
vodka (f)	водка (ж)	[vótka]
gim (m)	джин (м)	[dʒin]
conhaque (m)	коняк (м)	[konʲák]
rum (m)	ром (м)	[rom]
café (m)	кафе (с)	[kafé]
café (m) puro	черно кафе (с)	[tʃérno kafé]
café (m) com leite	кафе (с) с мляко	[kafé s mlʲáko]
cappuccino (m)	кафе (с) със сметана	[kafé səs smetána]
café (m) solúvel	разтворимо кафе (с)	[rastvorímo kafé]
leite (m)	мляко (с)	[mlʲáko]
coquetel (m)	коктейл (м)	[koktéjl]
batido (m) de leite	млечен коктейл (м)	[mlétʃen koktéjl]
sumo (m)	сок (м)	[sok]
sumo (m) de tomate	доматен сок (м)	[dománten sok]
sumo (m) de laranja	портокалов сок (м)	[portokálov sok]
sumo (m) fresco	фреш (м)	[freʃ]
cerveja (f)	бира (ж)	[bíra]
cerveja (f) clara	светла бира (ж)	[svétla bíra]
cerveja (f) preta	тъмна бира (ж)	[témna bíra]
chá (m)	чай (м)	[tʃaj]
chá (m) preto	черен чай (м)	[tʃéren tʃaj]
chá (m) verde	зелен чай (м)	[zelén tʃaj]

37. Vegetais

legumes (m pl)	зеленчуци (м мн)	[zelentʃútsi]
verduras (f pl)	зарзават (м)	[zarzavát]
tomate (m)	домат (м)	[domát]
pepino (m)	краставица (ж)	[krástavitsa]
cenoura (f)	морков (м)	[mórkof]
batata (f)	картофи (мн)	[kartófi]
cebola (f)	лук (м)	[luk]
alho (m)	чесън (м)	[tʃésən]

couve (f)	зеле (с)	[zéle]
couve-flor (f)	карфиол (м)	[karfiól]
couve-de-bruxelas (f)	брюкселско зеле (с)	[briúkselsko zéle]
brócolos (m pl)	броколи (с)	[brókoli]
beterraba (f)	цвекло (с)	[tsvekló]
beringela (f)	патладжан (м)	[patladʒán]
curgete (f)	тиквичка (ж)	[tíkvitʃka]
abóbora (f)	тиква (ж)	[tíkva]
nabo (m)	ряпа (ж)	[rʲápa]
salsa (f)	магданоз (м)	[magdanóz]
funcho, endro (m)	копър (м)	[kópər]
alface (f)	салата (ж)	[saláta]
aipo (m)	целина (ж)	[tsélina]
espargo (m)	аспержа (ж)	[aspérʒa]
espinafre (m)	спанак (м)	[spanák]
ervilha (f)	грах (м)	[grah]
fava (f)	боб (м)	[bop]
milho (m)	царевица (ж)	[tsárevitsa]
feijão (m)	фасул (м)	[fasúl]
pimentão (m)	пипер (м)	[pipér]
rabanete (m)	репичка (ж)	[répitʃka]
alcachofra (f)	ангинар (м)	[anginár]

38. Frutos. Nozes

fruta (f)	плод (м)	[plot]
maçã (f)	ябълка (ж)	[jábəlka]
pera (f)	круша (ж)	[krúʃa]
limão (m)	лимон (м)	[limón]
laranja (f)	портокал (м)	[portokál]
morango (m)	ягода (ж)	[jágoda]
tangerina (f)	мандарина (ж)	[mandarína]
ameixa (f)	слива (ж)	[slíva]
pêssego (m)	праскова (ж)	[práskova]
damasco (m)	кайсия (ж)	[kajsíja]
framboesa (f)	малина (ж)	[malína]
ananás (m)	ананас (м)	[ananás]
banana (f)	банан (м)	[banán]
melancia (f)	диня (ж)	[dínʲa]
uva (f)	грозде (с)	[grózde]
ginja (f)	вишна (ж)	[víʃna]
cereja (f)	череша (ж)	[tʃeréʃa]
meloa (f)	пъпеш (м)	[pəpeʃ]
toranja (f)	грейпфрут (м)	[gréjpfrut]
abacate (m)	авокадо (с)	[avokádo]
papaia (f)	папая (ж)	[papája]
manga (f)	манго (с)	[mángo]

romã (f)	нар (м)	[nar]
groselha (f) vermelha	червено френско грозде (с)	[tʃervéno frénsko grózde]
groselha (f) preta	черно френско грозде (с)	[tʃérno frénsko grózde]
groselha (f) espinhosa	цариградско грозде (с)	[tsarigrátsko grózde]
mirtilo (m)	боровинки (ж мн)	[borovínki]
amora silvestre (f)	къпина (ж)	[kəpína]
uvas (f pl) passas	стафиди (ж мн)	[stafídi]
figo (m)	смокиня (ж)	[smokínʲa]
tâmara (f)	фурма (ж)	[furmá]
amendoim (m)	фъстък (м)	[fəsték]
amêndoa (f)	бадем (м)	[badém]
noz (f)	орех (м)	[óreh]
avelã (f)	лешник (м)	[léʃnik]
coco (m)	кокосов орех (м)	[kokósov óreh]
pistáchios (m pl)	шамфъстъци (м мн)	[ʃamfəstétsi]

39. Pão. Bolaria

pastelaria (f)	сладкарски изделия (с мн)	[slatkárski izdélija]
pão (m)	хляб (м)	[hlʲap]
bolacha (f)	бисквити (ж мн)	[biskvíti]
chocolate (m)	шоколад (м)	[ʃokolát]
de chocolate	шоколадов	[ʃokoládov]
rebuçado (m)	бонбон (м)	[bonbón]
bolo (cupcake, etc.)	паста (ж)	[pásta]
bolo (m) de aniversário	торта (ж)	[tórta]
tarte (~ de maçã)	пирог (м)	[pirók]
recheio (m)	плънка (ж)	[plénka]
doce (m)	сладко (с)	[slátko]
geleia (f) de frutas	мармалад (м)	[marmalát]
waffle (m)	вафли (ж мн)	[váfli]
gelado (m)	сладолед (м)	[sladolét]

40. Pratos cozinhados

prato (m)	ястие (с)	[jástie]
cozinha (~ portuguesa)	кухня (ж)	[kúhnʲa]
receita (f)	рецепта (ж)	[retsépta]
porção (f)	порция (ж)	[pórtsija]
salada (f)	салата (ж)	[saláta]
sopa (f)	супа (ж)	[súpa]
caldo (m)	бульон (м)	[buljón]
sandes (f)	сандвич (м)	[sándvitʃ]
ovos (m pl) estrelados	пържени яйца (с мн)	[pérʒeni jajtsá]

hambúrguer (m)	хамбургер (м)	[hámburger]
bife (m)	бифтек (м)	[bifték]

conduto (m)	гарнитура (ж)	[garnitúra]
espaguete (m)	спагети (мн)	[spagéti]
puré (m) de batata	картофено пюре (с)	[kartófeno pʲuré]
pizza (f)	пица (ж)	[pítsa]
papa (f)	каша (ж)	[káʃa]
omelete (f)	омлет (м)	[omlét]

cozido em água	варен	[varén]
fumado	пушен	[púʃen]
frito	пържен	[pérʒen]
seco	сушен	[suʃén]
congelado	замразен	[zamrazén]
em conserva	маринован	[marinóvan]

doce (açucarado)	сладък	[sládək]
salgado	солен	[solén]
frio	студен	[studén]
quente	горещ	[goréʃt]
amargo	горчив	[gortʃív]
gostoso	вкусен	[fkúsen]

cozinhar (em água a ferver)	готвя	[gótvʲa]
fazer, preparar (vt)	готвя	[gótvʲa]
fritar (vt)	пържа	[pérʒa]
aquecer (vt)	затоплям	[zatóplʲam]

salgar (vt)	соля	[solʲá]
apimentar (vt)	слагам пипер	[slágam pipér]
ralar (vt)	стъргам	[stérgam]
casca (f)	кожа (ж)	[kóʒa]
descascar (vt)	беля	[bélʲa]

41. Especiarias

sal (m)	сол (ж)	[sol]
salgado	солен	[solén]
salgar (vt)	соля	[solʲá]

pimenta (f) preta	черен пипер (м)	[tʃéren pipér]
pimenta (f) vermelha	червен пипер (м)	[tʃervén pipér]
mostarda (f)	горчица (ж)	[gortʃítsa]
raiz-forte (f)	хрян (м)	[hrʲan]

condimento (m)	подправка (ж)	[podpráfka]
especiaria (f)	подправка (ж)	[podpráfka]
molho (m)	сос (м)	[sos]
vinagre (m)	оцет (м)	[otsét]

anis (m)	анасон (м)	[anasón]
manjericão (m)	босилек (м)	[bosílek]
cravo (m)	карамфил (м)	[karamfíl]

gengibre (m)	джинджифил (м)	[dʒindʒifíl]
coentro (m)	кориандър (м)	[koriándər]
canela (f)	канела (ж)	[kanéla]
sésamo (m)	сусам (м)	[susám]
folhas (f pl) de louro	дафинов лист (м)	[dafínov list]
páprica (f)	червен пипер (м)	[tʃervén pipér]
cominho (m)	черен тмин (м)	[tʃéren tmin]
açafrão (m)	шафран (м)	[ʃafrán]

42. Refeições

comida (f)	храна (ж)	[hraná]
comer (vt)	ям	[jam]
pequeno-almoço (m)	закуска (ж)	[zakúska]
tomar o pequeno-almoço	закусвам	[zakúsvam]
almoço (m)	обяд (м)	[obʲát]
almoçar (vi)	обядвам	[obʲádvam]
jantar (m)	вечеря (ж)	[vetʃérʲa]
jantar (vi)	вечерям	[vetʃérʲam]
apetite (m)	апетит (м)	[apetít]
Bom apetite!	Добър апетит!	[dobér apetít]
abrir (~ uma lata, etc.)	отварям	[otvárʲam]
derramar (vt)	излея	[izléja]
derramar-se (vr)	излея се	[izléja se]
ferver (vi)	вря	[vrʲa]
ferver (vt)	варя до кипване	[varʲá do kípvane]
fervido	преварен	[prevarén]
arrefecer (vt)	охладя	[ohladʲá]
arrefecer-se (vr)	изстудявам се	[isstudʲávam se]
sabor, gosto (m)	вкус (м)	[fkus]
gostinho (m)	привкус (м)	[prífkus]
fazer dieta	отслабвам	[otslábvam]
dieta (f)	диета (ж)	[diéta]
vitamina (f)	витамин (м)	[vitamín]
caloria (f)	калория (ж)	[kalórija]
vegetariano (m)	вегетарианец (м)	[vegetariánets]
vegetariano	вегетариански	[vegetariánski]
gorduras (f pl)	мазнини (ж мн)	[mazniní]
proteínas (f pl)	белтъчини (ж мн)	[beltətʃiní]
carboidratos (m pl)	въглехидрати (м мн)	[vəglehidráti]
fatia (~ de limão, etc.)	резенче (с)	[rézentʃe]
pedaço (~ de bolo)	парче (с)	[partʃé]
migalha (f)	троха (ж)	[trohá]

43. Por a mesa

colher (f)	лъжица (ж)	[ləʒítsa]
faca (f)	нож (м)	[noʒ]
garfo (m)	вилица (ж)	[vílitsa]
chávena (f)	чаша (ж)	[tʃáʃa]
prato (m)	чиния (ж)	[tʃiníja]
pires (m)	чинийка (ж)	[tʃiníjka]
guardanapo (m)	салфетка (ж)	[salfétka]
palito (m)	клечка (ж) за зъби	[klétʃka za zébi]

44. Restaurante

restaurante (m)	ресторант (м)	[restoránt]
café (m)	кафене (с)	[kafené]
bar (m), cervejaria (f)	бар (м)	[bar]
salão (m) de chá	чаен салон (м)	[tʃáen salón]
empregado (m) de mesa	сервитьор (м)	[servitʲór]
empregada (f) de mesa	сервитьорка (ж)	[servitʲórka]
barman (m)	барман (м)	[bárman]
ementa (f)	меню (с)	[menʲú]
lista (f) de vinhos	карта (ж) на виното	[kárta na vínoto]
reservar uma mesa	резервирам масичка	[rezervíram másitʃka]
prato (m)	ядене (с)	[jádene]
pedir (vt)	поръчам	[porétʃam]
fazer o pedido	правя поръчка	[právʲa porétʃka]
aperitivo (m)	аперитив (м)	[aperitív]
entrada (f)	мезе (с)	[mezé]
sobremesa (f)	десерт (м)	[desért]
conta (f)	сметка (ж)	[smétka]
pagar a conta	плащам сметка	[pláʃtam smétka]
dar o troco	връщам ресто	[vréʃtam résto]
gorjeta (f)	бакшиш (м)	[bakʃíʃ]

Família, parentes e amigos

45. Informação pessoal. Formulários

nome (m)	име (с)	[íme]
apelido (m)	фамилия (ж)	[famílija]
data (f) de nascimento	дата (ж) на раждане	[dáta na ráʒdane]
local (m) de nascimento	място (с) на раждане	[mʲásto na ráʒdane]
nacionalidade (f)	националност (ж)	[natsionálnost]
lugar (m) de residência	местожителство (с)	[mestoʒítelstvo]
país (m)	страна (ж)	[straná]
profissão (f)	професия (ж)	[profésija]
sexo (m)	пол (м)	[pol]
estatura (f)	ръст (м)	[rəst]
peso (m)	тегло (с)	[tegló]

46. Membros da família. Parentes

mãe (f)	майка (ж)	[májka]
pai (m)	баща (м)	[baʃtá]
filho (m)	син (м)	[sin]
filha (f)	дъщеря (ж)	[dəʃterʲá]
filha (f) mais nova	по-малка дъщеря (ж)	[po-málka dəʃterʲá]
filho (m) mais novo	по-малък син (м)	[po-málək sin]
filha (f) mais velha	по-голяма дъщеря (ж)	[po-golʲáma dəʃterʲá]
filho (m) mais velho	по-голям син (м)	[po-golʲám sin]
irmão (m)	брат (м)	[brat]
irmã (f)	сестра (ж)	[sestrá]
primo (m)	братовчед (м)	[bratovtʃét]
prima (f)	братовчедка (ж)	[bratovtʃétka]
mamã (f)	мама (ж)	[máma]
papá (m)	татко (м)	[tátko]
pais (pl)	родители (м мн)	[rodíteli]
criança (f)	дете (с)	[deté]
crianças (f pl)	деца (с мн)	[detsá]
avó (f)	баба (ж)	[bába]
avô (m)	дядо (м)	[dʲádo]
neto (m)	внук (м)	[vnuk]
neta (f)	внучка (ж)	[vnútʃka]
netos (pl)	внуци (м мн)	[vnútsi]
tio (m)	вуйчо (м)	[vújtʃo]
tia (f)	леля (ж)	[lélʲa]

sobrinho (m)	племенник (м)	[plémennik]
sobrinha (f)	племенница (ж)	[plémennitsa]

sogra (f)	тъща (ж)	[téʃta]
sogro (m)	свекър (м)	[svékər]
genro (m)	зет (м)	[zet]
madrasta (f)	мащеха (ж)	[máʃteha]
padrasto (m)	пастрок (м)	[pástrok]

criança (f) de colo	кърмаче (с)	[kərmátʃe]
bebé (m)	бебе (с)	[bébe]
menino (m)	момченце (с)	[momtʃéntse]

mulher (f)	жена (ж)	[ʒená]
marido (m)	мъж (м)	[məʒ]
esposo (m)	съпруг (м)	[səprúk]
esposa (f)	съпруга (ж)	[səprúga]

casado	женен	[ʒénen]
casada	омъжена	[omǽʒena]
solteiro	неженен	[neʒénen]
solteirão (m)	ерген (м)	[ergén]
divorciado	разведен	[razvéden]
viúva (f)	вдовица (ж)	[vdovítsa]
viúvo (m)	вдовец (м)	[vdovéts]

parente (m)	роднина (м, ж)	[rodnína]
parente (m) próximo	близък роднина (м)	[blízək rodnína]
parente (m) distante	далечен роднина (м)	[dalétʃen rodnína]
parentes (m pl)	роднини (мн)	[rodníni]

órfão (m), órfã (f)	сирак (м)	[sirák]
tutor (m)	опекун (м)	[opekún]
adotar (um filho)	осиновявам	[osinovʲávam]
adotar (uma filha)	осиновявам момиче	[osinovʲávam momítʃe]

Medicina

47. Doenças

doença (f)	болест (ж)	[bólest]
estar doente	боледувам	[boledúvam]
saúde (f)	здраве (с)	[zdráve]
nariz (m) a escorrer	хрема (ж)	[hréma]
amigdalite (f)	ангина (ж)	[angína]
constipação (f)	настинка (ж)	[nastínka]
constipar-se (vr)	настина	[nastína]
bronquite (f)	бронхит (м)	[bronhít]
pneumonia (f)	пневмония (ж)	[pnevmoníja]
gripe (f)	грип (м)	[grip]
míope	късоглед	[kəsoglét]
presbita	далекоглед	[dalekoglét]
estrabismo (m)	кривогледство (с)	[krivoglétstvo]
estrábico	кривоглед	[krivoglét]
catarata (f)	катаракта (ж)	[katarákta]
glaucoma (m)	глаукома (ж)	[glaukóma]
AVC (m), apoplexia (f)	инсулт (м)	[insúlt]
ataque (m) cardíaco	инфаркт (м)	[infárkt]
enfarte (m) do miocárdio	инфаркт (м) на миокарда	[infárkt na miokárda]
paralisia (f)	парализа (ж)	[paráliza]
paralisar (vt)	парализирам	[paralizíram]
alergia (f)	алергия (ж)	[alérgija]
asma (f)	астма (ж)	[ástma]
diabetes (f)	диабет (м)	[diabét]
dor (f) de dentes	зъбобол (м)	[zəboból]
cárie (f)	кариес (м)	[káries]
diarreia (f)	диария (ж)	[diárija]
prisão (f) de ventre	запек (м)	[zápek]
desarranjo (m) intestinal	разстройство (с) на стомаха	[rastrójstvo na stomáha]
intoxicação (f) alimentar	отравяне (с)	[otrávʲane]
intoxicar-se	отровя се	[otróvʲa se]
artrite (f)	артрит (м)	[artrít]
raquitismo (m)	рахит (м)	[rahít]
reumatismo (m)	ревматизъм (м)	[revmatízəm]
arteriosclerose (f)	атеросклероза (ж)	[aterosklerόza]
gastrite (f)	гастрит (м)	[gastrít]
apendicite (f)	апандисит (м)	[apandisít]

colecistite (f)	холецистит (м)	[holetsistít]
úlcera (f)	язва (ж)	[jázva]

sarampo (m)	дребна шарка (ж)	[drébna ʃárka]
rubéola (f)	шарка (ж)	[ʃárka]
iterícia (f)	жълтеница (ж)	[ʒəltenítsa]
hepatite (f)	хепатит (м)	[hepatít]

esquizofrenia (f)	шизофрения (ж)	[ʃizofreníja]
raiva (f)	бяс (м)	[bʲas]
neurose (f)	невроза (ж)	[nevróza]
comoção (f) cerebral	сътресение (с) на мозъка	[sətresénie na mózəka]

cancro (m)	рак (м)	[rak]
esclerose (f)	склероза (ж)	[skleróza]
esclerose (f) múltipla	множествена склероза (ж)	[mnóʒestvena skleróza]

alcoolismo (m)	алкохолизъм (м)	[alkoholízəm]
alcoólico (m)	алкохолик (м)	[alkoholík]
sífilis (f)	сифилис (м)	[sífilis]
SIDA (f)	СПИН (м)	[spin]

tumor (m)	тумор (м)	[túmor]
maligno	злокачествен	[zlokátʃestven]
benigno	доброкачествен	[dobrokátʃestven]

febre (f)	треска (ж)	[tréska]
malária (f)	малария (ж)	[malárija]
gangrena (f)	гангрена (ж)	[gangréna]
enjoo (m)	морска болест (ж)	[mórska bólest]
epilepsia (f)	епилепсия (ж)	[epilépsija]

epidemia (f)	епидемия (ж)	[epidémija]
tifo (m)	тиф (м)	[tif]
tuberculose (f)	туберкулоза (ж)	[tuberkulóza]
cólera (f)	холера (ж)	[holéra]
peste (f)	чума (ж)	[tʃúma]

48. Simtomas. Tratamentos. Parte 1

sintoma (m)	симптом (м)	[simptóm]
temperatura (f)	температура (ж)	[temperatúra]
febre (f)	висока температура (ж)	[visóka temperatúra]
pulso (m)	пулс (м)	[puls]

vertigem (f)	световъртеж (м)	[svetovərtéʃ]
quente (testa, etc.)	горещ	[goréʃt]
calafrio (m)	тръпки (ж мн)	[trépki]
pálido	бледен	[bléden]

tosse (f)	кашлица (ж)	[káʃlitsa]
tossir (vi)	кашлям	[káʃlʲam]
espirrar (vi)	кихам	[kíham]
desmaio (m)	припадък (м)	[pripádək]

desmaiar (vi)	припадна	[pripádna]
nódoa (f) negra	синина (ж)	[sininá]
galo (m)	подутина (ж)	[podutiná]
magoar-se (vr)	ударя се	[udárʲa se]
pisadura (f)	натъртване (c)	[natértvane]
aleijar-se (vr)	ударя се	[udárʲa se]
coxear (vi)	куцам	[kútsam]
deslocação (f)	изкълчване (c)	[iskéltʃvane]
deslocar (vt)	навехна	[navéhna]
fratura (f)	фрактура (ж)	[fraktúra]
fraturar (vt)	счупя	[stʃúpʲa]
corte (m)	порязване (c)	[porʲázvane]
cortar-se (vr)	порежа се	[poréʒa se]
hemorragia (f)	кръвотечение (c)	[krəvotetʃénie]
queimadura (f)	изгаряне (c)	[izgárʲane]
queimar-se (vr)	опаря се	[opárʲa se]
picar (vt)	бодна	[bódna]
picar-se (vr)	убода се	[ubodá se]
lesionar (vt)	нараня	[naranʲá]
lesão (m)	рана (ж)	[rána]
ferida (f), ferimento (m)	рана (ж)	[rána]
trauma (m)	травма (ж)	[trávma]
delirar (vi)	бълнувам	[bəlnúvam]
gaguejar (vi)	заеквам	[zaékvam]
insolação (f)	слънчев удар (м)	[sléntʃev údar]

49. Simtomas. Tratamentos. Parte 2

dor (f)	болка (ж)	[bólka]
farpa (no dedo)	трънче (c)	[tréntʃe]
suor (m)	пот (ж)	[pot]
suar (vi)	потя се	[potʲá se]
vómito (m)	повръщане (c)	[povréʃtane]
convulsões (f pl)	гърчове (м мн)	[gértʃove]
grávida	бременна	[brémenna]
nascer (vi)	родя се	[rodʲá se]
parto (m)	раждане (c)	[ráʒdane]
dar à luz	раждам	[ráʒdam]
aborto (m)	аборт (м)	[abórt]
respiração (f)	дишане (c)	[díʃane]
inspiração (f)	вдишване (c)	[vdíʃvane]
expiração (f)	издишване (c)	[izdíʃvane]
expirar (vi)	издишам	[izdíʃam]
inspirar (vi)	направя вдишване	[naprávʲa vdíʃvane]
inválido (m)	инвалид (м)	[invalít]
aleijado (m)	сакат човек (м)	[sakát tʃovék]

toxicodependente (m)	наркоман (м)	[narkomán]
surdo	глух	[gluh]
mudo	ням	[nʲam]
surdo-mudo	глухоням	[gluhonʲám]
louco (adj.)	луд	[lut]
louco (m)	луд (м)	[lut]
louca (f)	луда (ж)	[lúda]
ficar louco	полудея	[poludéja]
gene (m)	ген (м)	[gen]
imunidade (f)	имунитет (м)	[imunitét]
hereditário	наследствен	[naslétstven]
congénito	вроден	[vrodén]
vírus (m)	вирус (м)	[vírus]
micróbio (m)	микроб (м)	[mikróp]
bactéria (f)	бактерия (ж)	[baktérija]
infeção (f)	инфекция (ж)	[inféktsija]

50. Simtomas. Tratamentos. Parte 3

hospital (m)	болница (ж)	[bólnitsa]
paciente (m)	пациент (м)	[patsiént]
diagnóstico (m)	диагноза (ж)	[diagnóza]
cura (f)	лекуване (с)	[lekúvane]
tratamento (m) médico	лекуване (с)	[lekúvane]
curar-se (vr)	лекувам се	[lekúvam se]
tratar (vt)	лекувам	[lekúvam]
cuidar (pessoa)	грижа се	[gríʒa se]
cuidados (m pl)	грижа (ж)	[gríʒa]
operação (f)	операция (ж)	[operátsija]
enfaixar (vt)	превържа	[prevérʒa]
ligadura (f)	превързване (с)	[prevérzvane]
vacinação (f)	ваксиниране (с)	[vaksinírane]
vacinar (vt)	ваксинирам	[vaksiníram]
injeção (f)	инжекция (ж)	[inʒéktsija]
dar uma injeção	инжектирам	[inʒektíram]
ataque (~ de asma, etc.)	пристъп, припадък (м)	[prístəp], [pripadək]
amputação (f)	ампутация (ж)	[amputátsija]
amputar (vt)	ампутирам	[amputíram]
coma (f)	кома (ж)	[kóma]
estar em coma	намирам се в кома	[namíram se v kóma]
reanimação (f)	реанимация (ж)	[reanimátsija]
recuperar-se (vr)	оздравявам	[ozdravʲávam]
estado (~ de saúde)	състояние (с)	[səstojánie]
consciência (f)	съзнание (с)	[səznánie]
memória (f)	памет (ж)	[pámet]
tirar (vt)	вадя	[vádʲa]

chumbo (m), obturação (f)	пломба (ж)	[plómba]
chumbar, obturar (vt)	пломбирам	[plombíram]
hipnose (f)	хипноза (ж)	[hipnóza]
hipnotizar (vt)	хипнотизирам	[hipnotizíram]

51. Médicos

médico (m)	лекар (м)	[lékar]
enfermeira (f)	медицинска сестра (ж)	[meditsínska sestrá]
médico (m) pessoal	личен лекар (м)	[lítʃen lékar]
dentista (m)	зъболекар (м)	[zəbolékar]
oculista (m)	очен лекар (м)	[ótʃen lékar]
terapeuta (m)	терапевт (м)	[terapéft]
cirurgião (m)	хирург (м)	[hirúrk]
psiquiatra (m)	психиатър (м)	[psihiátər]
pediatra (m)	педиатър (м)	[pediátər]
psicólogo (m)	психолог (м)	[psiholók]
ginecologista (m)	гинеколог (м)	[ginekolók]
cardiologista (m)	кардиолог (м)	[kardiolók]

52. Medicina. Drogas. Acessórios

medicamento (m)	лекарство (с)	[lekárstvo]
remédio (m)	средство (с)	[srétstvo]
receitar (vt)	предпиша	[pretpíʃa]
receita (f)	рецепта (ж)	[retsépta]
comprimido (m)	таблетка (ж)	[tablétka]
pomada (f)	мехлем (м)	[mehlém]
ampola (f)	ампула (ж)	[ampúla]
preparado (m)	микстура (ж)	[mikstúra]
xarope (m)	сироп (м)	[siróp]
cápsula (f)	хапче (с)	[háptʃe]
remédio (m) em pó	прах (м)	[prah]
ligadura (f)	бинт (м)	[bint]
algodão (m)	памук (м)	[pamúk]
iodo (m)	йод (м)	[jot]
penso (m) rápido	пластир (м)	[plastír]
conta-gotas (f)	капкомер (м)	[kapkomér]
termómetro (m)	термометър (м)	[termométər]
seringa (f)	спринцовка (ж)	[sprintsófka]
cadeira (f) de rodas	инвалидна количка (ж)	[invalídna kolítʃka]
muletas (f pl)	патерици (ж мн)	[páteritsi]
analgésico (m)	обезболяващо средство (с)	[obezbolʲávaʃto srétstvo]
laxante (m)	очистително (с)	[otʃistítelno]

álcool (m) etílico	спирт (м)	[spirt]
ervas (f pl) medicinais	билка (ж)	[bílka]
de ervas (chá ~)	билков	[bílkov]

HABITAT HUMANO

Cidade

53. Cidade. Vida na cidade

cidade (f)	град (м)	[grat]
capital (f)	столица (ж)	[stólitsa]
aldeia (f)	село (с)	[sélo]
mapa (m) da cidade	план (м) на града	[plan na gradá]
centro (m) da cidade	център (м) на града	[tséntər na gradá]
subúrbio (m)	предградие (с)	[predgrádie]
suburbano	крайградски	[krajgrátski]
periferia (f)	покрайнина (ж)	[pokrajniná]
arredores (m pl)	околности (мн)	[okólnosti]
quarteirão (m)	квартал (м)	[kvartál]
quarteirão (m) residencial	жилищен квартал (м)	[ʒíliʃten kvartál]
tráfego (m)	движение (с)	[dviʒénie]
semáforo (m)	светофар (м)	[svetofár]
transporte (m) público	градски транспорт (м)	[grátski transpórt]
cruzamento (m)	кръстовище (с)	[krəstóviʃte]
passadeira (f)	зебра (ж)	[zébra]
passagem (f) subterrânea	подлез (м)	[pódlez]
cruzar, atravessar (vt)	пресичам	[presítʃam]
peão (m)	пешеходец (м)	[peʃehódets]
passeio (m)	тротоар (м)	[trotoár]
ponte (f)	мост (м)	[most]
margem (f) do rio	кей (м)	[kej]
fonte (f)	фонтан (м)	[fontán]
alameda (f)	алея (ж)	[aléja]
parque (m)	парк (м)	[park]
bulevar (m)	булевард (м)	[bulevárt]
praça (f)	площад (м)	[ploʃtát]
avenida (f)	авеню (с)	[avenʲú]
rua (f)	улица (ж)	[úlitsa]
travessa (f)	пресечка (ж)	[presétʃka]
beco (m) sem saída	задънена улица (ж)	[zadénena úlitsa]
casa (f)	къща (ж)	[kéʃta]
edifício, prédio (m)	сграда (ж)	[zgráda]
arranha-céus (m)	небостъргач (м)	[nebostərgátʃ]
fachada (f)	фасада (ж)	[fasáda]
telhado (m)	покрив (м)	[pókriv]

janela (f)	прозорец (м)	[prozórets]
arco (m)	арка (ж)	[árka]
coluna (f)	колона (ж)	[kolóna]
esquina (f)	ъгъл (м)	[ǝgǝl]

montra (f)	витрина (ж)	[vitrína]
letreiro (m)	табела (ж)	[tabéla]
cartaz (m)	афиш (м)	[afíʃ]
cartaz (m) publicitário	постер (м)	[póster]
painel (m) publicitário	билборд (м)	[bilbórt]

lixo (m)	боклук (м)	[boklúk]
cesta (f) do lixo	кошче (с)	[kóʧe]
jogar lixo na rua	правя боклук	[práv¡a boklúk]
aterro (m) sanitário	сметище (с)	[smétiʃte]

cabine (f) telefónica	телефонна будка (ж)	[telefónna bútka]
candeeiro (m) de rua	стълб (м) с фенер	[stǝlp s fenér]
banco (m)	пейка (ж)	[péjka]

polícia (m)	полицай (м)	[politsáj]
polícia (instituição)	полиция (ж)	[polítsija]
mendigo (m)	сиромах (м)	[siromáh]
sem-abrigo (m)	бездомник (м)	[bezdómnik]

54. Instituições urbanas

loja (f)	магазин (м)	[magazín]
farmácia (f)	аптека (ж)	[aptéka]
ótica (f)	оптика (ж)	[óptika]
centro (m) comercial	търговски център (м)	[tǝrgófski tséntǝr]
supermercado (m)	супермаркет (м)	[supermárket]

padaria (f)	хлебарница (ж)	[hlebárnitsa]
padeiro (m)	фурнаджия (ж)	[furnadʒíja]
pastelaria (f)	сладкарница (ж)	[slatkárnitsa]
mercearia (f)	бакалия (ж)	[bakalíja]
talho (m)	месарница (ж)	[mesárnitsa]

| loja (f) de legumes | магазин (м) за плодове и зеленчуци | [magazín za plodové i zelenʧútsi] |
| mercado (m) | пазар (м) | [pazár] |

café (m)	кафене (с)	[kafené]
restaurante (m)	ресторант (м)	[restoránt]
bar (m), cervejaria (f)	бирария (ж)	[birárija]
pizzaria (f)	пицария (ж)	[pitsaríja]

salão (m) de cabeleireiro	фризьорски салон (м)	[friz¡órski salón]
correios (m pl)	поща (ж)	[póʃta]
lavandaria (f)	химическо чистене (с)	[himíʧesko ʧístene]
estúdio (m) fotográfico	фотостудио (с)	[fotostúdio]
sapataria (f)	магазин (м) за обувки	[magazín za obúfki]
livraria (f)	книжарница (ж)	[kniʒárnitsa]

loja (f) de artigos de desporto	магазин (м) за спортни стоки	[magazín za spórtni stóki]
reparação (f) de roupa	поправка (ж) на дрехи	[popráfka na dréhi]
aluguer (m) de roupa	дрехи (ж мн) под наем	[dréhi pot náem]
aluguer (m) de filmes	филми (м мн) под наем	[fílmi pot náem]
circo (m)	цирк (м)	[tsirk]
jardim (m) zoológico	зоологическа градина (ж)	[zoologítʃeska gradína]
cinema (m)	кино (с)	[kíno]
museu (m)	музей (м)	[muzéj]
biblioteca (f)	библиотека (ж)	[bibliotéka]
teatro (m)	театър (м)	[teátər]
ópera (f)	опера (ж)	[ópera]
clube (m) noturno	нощен клуб (м)	[nóʃten klup]
casino (m)	казино (с)	[kazíno]
mesquita (f)	джамия (ж)	[dʒamíja]
sinagoga (f)	синагога (ж)	[sinagóga]
catedral (f)	катедрала (ж)	[katedrála]
templo (m)	храм (м)	[hram]
igreja (f)	църква (ж)	[tsérkva]
instituto (m)	институт (м)	[institút]
universidade (f)	университет (м)	[universitét]
escola (f)	училище (с)	[utʃíliʃte]
prefeitura (f)	префектура (ж)	[prefektúra]
câmara (f) municipal	кметство (с)	[kmétstvo]
hotel (m)	хотел (м)	[hotél]
banco (m)	банка (ж)	[bánka]
embaixada (f)	посолство (с)	[posólstvo]
agência (f) de viagens	туристическа агенция (ж)	[turistítʃeska agéntsija]
agência (f) de informações	справки (м мн)	[spráfki]
casa (f) de câmbio	обменно бюро (с)	[obménno bʲúro]
metro (m)	метро (с)	[metró]
hospital (m)	болница (ж)	[bólnitsa]
posto (m) de gasolina	бензиностанция (ж)	[benzino·stántsija]
parque (m) de estacionamento	паркинг (м)	[párking]

55. Sinais

letreiro (m)	табела (ж)	[tabéla]
inscrição (f)	надпис (м)	[nádpis]
cartaz, póster (m)	постер (м)	[póster]
sinal (m) informativo	указател (м)	[ukazátel]
seta (f)	стрелка (ж)	[strelká]
aviso (advertência)	предпазване (с)	[predpázvane]
sinal (m) de aviso	предупреждение (с)	[predupreʒdénie]
avisar, advertir (vt)	предупредя	[predupredʲá]

dia (m) de folga	почивен ден (м)	[potʃíven dén]
horário (m)	разписание (с)	[raspisánie]
horário (m) de funcionamento	работно време (с)	[rabótno vréme]
BEM-VINDOS!	ДОБРЕ ДОШЛИ!	[dobré doʃlí]
ENTRADA	ВХОД	[vhot]
SAÍDA	ИЗХОД	[íshot]
EMPURRE	БУТНИ	[butní]
PUXE	ДРЪПНИ	[drəpní]
ABERTO	ОТВОРЕНО	[otvóreno]
FECHADO	ЗАТВОРЕНО	[zatvóreno]
MULHER	ЖЕНИ	[ʒení]
HOMEM	МЪЖЕ	[məʒé]
DESCONTOS	НАМАЛЕНИЕ	[namalénie]
SALDOS	РАЗПРОДАЖБА	[rasprodáʒba]
NOVIDADE!	НОВА СТОКА	[nóva stóka]
GRÁTIS	БЕЗПЛАТНО	[besplátno]
ATENÇÃO!	ВНИМАНИЕ!	[vnimánie]
NÃO HÁ VAGAS	НЯМА СВОБОДНИ МЕСТА	[nʲáma svobódni mestá]
RESERVADO	РЕЗЕРВИРАНО	[rezervírano]
ADMINISTRAÇÃO	АДМИНИСТРАЦИЯ	[administrátsija]
SOMENTE PESSOAL AUTORIZADO	ЗАБРАНЕНО ЗА ВЪНШНИ ЛИЦА	[zabráneno za venʃni lítsa]
CUIDADO CÃO FEROZ	ЗЛО КУЧЕ	[zlo kútʃe]
PROIBIDO FUMAR!	ПУШЕНЕТО ЗАБРАНЕНО!	[puʃenéto zabráneno]
NÃO TOCAR	НЕ ПИПАЙ!	[ne pípaj]
PERIGOSO	ОПАСНО	[opásno]
PERIGO	ОПАСНОСТ	[opásnost]
ALTA TENSÃO	ВИСОКО НАПРЕЖЕНИЕ	[visóko napreʒénie]
PROIBIDO NADAR	КЪПАНЕТО ЗАБРАНЕНО	[képaneto zabranéno]
AVARIADO	НЕ РАБОТИ	[ne rabóti]
INFLAMÁVEL	ОГНЕОПАСНО	[ogneopásno]
PROIBIDO	ЗАБРАНЕНО	[zabranéno]
ENTRADA PROIBIDA	МИНАВАНЕТО ЗАБРАНЕНО	[minávaneto zabranéno]
CUIDADO TINTA FRESCA	ПАЗИ СЕ ОТ БОЯТА	[pazi se ot bojáta]

56. Transportes urbanos

autocarro (m)	автобус (м)	[aftobús]
elétrico (m)	трамвай (м)	[tramváj]
troleicarro (m)	тролей (м)	[troléj]
itinerário (m)	маршрут (м)	[marʃrút]
número (m)	номер (м)	[nómer]
ir de ... (carro, etc.)	пътувам с ...	[pətúvam s]
entrar (~ no autocarro)	качвам се в ...	[kátʃvam se v]

descer de ...	сляза от ...	[slʲáza ot]
paragem (f)	спирка (ж)	[spírka]
próxima paragem (f)	следваща спирка (ж)	[slédvaʃta spírka]
ponto (m) final	последна спирка (ж)	[poslédna spírka]
horário (m)	разписание (с)	[raspisánie]
esperar (vt)	чакам	[tʃákam]
bilhete (m)	билет (м)	[bilét]
custo (m) do bilhete	цена (ж) на билета	[tsená na biléta]
bilheteiro (m)	касиер (м)	[kasiér]
controlo (m) dos bilhetes	контрола (ж)	[kontróla]
revisor (m)	контрольор (м)	[kontrolʲór]
atrasar-se (vr)	закъснявам	[zakəsnʲávam]
perder (o autocarro, etc.)	закъснея за ...	[zakəsnéja za]
estar com pressa	бързам	[bérzam]
táxi (m)	такси (с)	[taksí]
taxista (m)	таксиметров шофьор (м)	[taksimétrof ʃofʲór]
de táxi (ir ~)	с такси	[s taksí]
praça (f) de táxis	пиаца (ж) на такси	[piátsa na taksí]
chamar um táxi	извикам такси	[izvíkam taksí]
apanhar um táxi	взема такси	[vzéma taksí]
tráfego (m)	улично движение (с)	[úlitʃno dviʒénie]
engarrafamento (m)	задръстване (с)	[zadréstvane]
horas (f pl) de ponta	час пик (м)	[tʃas pík]
estacionar (vi)	паркирам се	[parkíram se]
estacionar (vt)	паркирам	[párkiram]
parque (m) de estacionamento	паркинг (м)	[párking]
metro (m)	метро (с)	[metró]
estação (f)	станция (ж)	[stántsija]
ir de metro	пътувам с метро	[pətúvam s metró]
comboio (m)	влак (м)	[vlak]
estação (f)	гара (ж)	[gára]

57. Turismo

monumento (m)	паметник (м)	[pámetnik]
fortaleza (f)	крепост (ж)	[krépost]
palácio (m)	дворец (м)	[dvoréts]
castelo (m)	замък (м)	[zámək]
torre (f)	кула (ж)	[kúla]
mausoléu (m)	мавзолей (м)	[mavzoléj]
arquitetura (f)	архитектура (ж)	[arhitektúra]
medieval	средновековен	[srednovekóven]
antigo	старинен	[starínen]
nacional	национален	[natsionálen]
conhecido	известен	[izvésten]
turista (m)	турист (м)	[turíst]
guia (pessoa)	гид (м)	[git]

excursão (f)	екскурзия (ж)	[ekskúrzija]
mostrar (vt)	показвам	[pokázvam]
contar (vt)	разказвам	[raskázvam]

encontrar (vt)	намеря	[namérʲa]
perder-se (vr)	загубя се	[zagúbʲa se]
mapa (~ do metrô)	схема (ж)	[shéma]
mapa (~ da cidade)	план (м)	[plan]

lembrança (f), presente (m)	сувенир (м)	[suvenír]
loja (f) de presentes	сувенирен магазин (м)	[suveníren magazín]
fotografar (vt)	снимам	[snímam]
fotografar-se	снимам се	[snímam se]

58. Compras

comprar (vt)	купувам	[kupúvam]
compra (f)	покупка (ж)	[pokúpka]
fazer compras	пазарувам	[pazarúvam]
compras (f pl)	пазаруване (с)	[pazarúvane]

estar aberta (loja, etc.)	работя	[rabótʲa]
estar fechada	затваря се	[zatvárʲa se]

calçado (m)	обувки (ж мн)	[obúfki]
roupa (f)	облекло (с)	[oblekló]
cosméticos (m pl)	козметика (ж)	[kozmétika]
alimentos (m pl)	продукти (м мн)	[prodúkti]
presente (m)	подарък (м)	[podárək]

vendedor (m)	продавач (м)	[prodavátʃ]
vendedora (f)	продавачка (ж)	[prodavátʃka]

caixa (f)	каса (ж)	[kása]
espelho (m)	огледало (с)	[ogledálo]
balcão (m)	щанд (м)	[ʃtant]
cabine (f) de provas	пробна (ж)	[próbna]

provar (vt)	пробвам	[próbvam]
servir (vi)	подхождам	[podhóʒdam]
gostar (apreciar)	харесвам	[harésvam]

preço (m)	цена (ж)	[tsená]
etiqueta (f) de preço	етикет (м)	[etikét]
custar (vt)	струвам	[strúvam]
Quanto?	Колко?	[kólko]
desconto (m)	намаление (с)	[namalénie]

não caro	нескъп	[neskə́p]
barato	евтин	[éftin]
caro	скъп	[skəp]
É caro	Това е скъпо	[tová e skə́po]
aluguer (m)	под наем (м)	[pot náem]
alugar (vestidos, etc.)	взимам под наем	[vzímam pot náem]

crédito (m)	кредит (м)	[krédit]
a crédito	на кредит	[na krédit]

59. Dinheiro

dinheiro (m)	пари (мн)	[parí]
câmbio (m)	обмяна (ж)	[obmʲána]
taxa (f) de câmbio	курс (м)	[kurs]
Caixa Multibanco (m)	банкомат (м)	[bankomát]
moeda (f)	монета (ж)	[monéta]

dólar (m)	долар (м)	[dólar]
euro (m)	евро (с)	[évro]

lira (f)	лира (ж)	[líra]
marco (m)	марка (ж)	[márka]
franco (m)	франк (м)	[frank]
libra (f) esterlina	британска лира (ж)	[británska líra]
iene (m)	йена (ж)	[jéna]

dívida (f)	дълг (м)	[dəlk]
devedor (m)	длъжник (м)	[dləʒník]
emprestar (vt)	давам на заем	[dávam na záem]
pedir emprestado	взема на заем	[vzéma na záem]

banco (m)	банка (ж)	[bánka]
conta (f)	сметка (ж)	[smétka]
depositar (vt)	депозирам	[depozíram]
depositar na conta	внеса в сметка	[vnesá v smétka]
levantar (vt)	тегля от сметката	[téglʲa ot smétkata]

cartão (m) de crédito	кредитна карта (ж)	[kréditna kárta]
dinheiro (m) vivo	налични пари (мн)	[nalítʃni parí]
cheque (m)	чек (м)	[tʃek]
passar um cheque	подпиша чек	[potpíʃa tʃek]
livro (m) de cheques	чекова книжка (ж)	[tʃékova kníʃka]

carteira (f)	портфейл (м)	[portféjl]
porta-moedas (m)	портмоне (с)	[portmoné]
cofre (m)	сейф (м)	[sejf]

herdeiro (m)	наследник (м)	[naslédnik]
herança (f)	наследство (с)	[naslétstvo]
fortuna (riqueza)	състояние (с)	[səstojánie]

arrendamento (m)	наем (м)	[náem]
renda (f) de casa	наем (м)	[náem]
alugar (vt)	наемам	[naémam]

preço (m)	цена (ж)	[tsená]
custo (m)	стойност (ж)	[stójnost]
soma (f)	сума (ж)	[súma]
gastar (vt)	харча	[hártʃa]
gastos (m pl)	разходи (м мн)	[ráshodi]

economizar (vi)	пестя	[pest'á]
económico	пестелив	[pestelíf]
pagar (vt)	плащам	[pláʃtam]
pagamento (m)	плащане (с)	[pláʃtane]
troco (m)	ресто (с)	[résto]
imposto (m)	данък (м)	[dánək]
multa (f)	глоба (ж)	[glóba]
multar (vt)	глобявам	[glob'ávam]

60. Correios. Serviço postal

correios (m pl)	поща (ж)	[póʃta]
correio (m)	поща (ж)	[póʃta]
carteiro (m)	пощальон (м)	[poʃtal'ón]
horário (m)	работно време (с)	[rabótno vréme]
carta (f)	писмо (с)	[pismó]
carta (f) registada	препоръчано писмо (с)	[preporétʃano pismó]
postal (m)	картичка (ж)	[kártitʃka]
telegrama (m)	телеграма (ж)	[telegráma]
encomenda (f) postal	колет (м)	[kolét]
remessa (f) de dinheiro	паричен превод (м)	[parítʃen prévot]
receber (vt)	получа	[polútʃa]
enviar (vt)	изпратя	[isprát'a]
envio (m)	изпращане (с)	[ispráʃtane]
endereço (m)	адрес (м)	[adrés]
código (m) postal	пощенски код (м)	[póʃtenski kot]
remetente (m)	подател (м)	[podátel]
destinatário (m)	получател (м)	[polutʃátel]
nome (m)	име (с)	[íme]
apelido (m)	фамилия (ж)	[famílija]
tarifa (f)	тарифа (ж)	[tarífa]
normal	обикновен	[obiknovén]
económico	икономичен	[ikonomítʃen]
peso (m)	тегло (с)	[tegló]
pesar (estabelecer o peso)	претеглям	[pretégl'am]
envelope (m)	плик (м)	[plik]
selo (m)	марка (ж)	[márka]

Moradia. Casa. Lar

61. Casa. Eletricidade

eletricidade (f)	електричество (с)	[elektrítʃestvo]
lâmpada (f)	крушка (ж)	[krúʃka]
interruptor (m)	изключвател (м)	[izklʲutʃvátel]
fusível (m)	бушон (м)	[buʃón]

fio, cabo (m)	кабел (м)	[kábel]
instalação (f) elétrica	инсталация (ж)	[instalátsija]
contador (m) de eletricidade	електромер (м)	[elektromér]
leitura (f)	показание (с)	[pokazánie]

62. Moradia. Mansão

casa (f) de campo	извънградска къща (ж)	[izvəngrátska kéʃta]
vila (f)	вила (ж)	[víla]
ala (~ do edifício)	крило (с)	[kriló]

jardim (m)	градина (ж)	[gradína]
parque (m)	парк (м)	[park]
estufa (f)	оранжерия (ж)	[oranʒérija]
cuidar de ...	грижа се	[gríʒa se]

piscina (f)	басейн (м)	[baséjn]
ginásio (m)	спортна зала (ж)	[spórtna zála]
campo (m) de ténis	тенис корт (м)	[ténis kort]
cinema (m)	кинотеатър (м)	[kinoteátər]
garagem (f)	гараж (м)	[garáʒ]

propriedade (f) privada	частна собственост (ж)	[tʃásna sópstvenost]
terreno (m) privado	частни владения (с мн)	[tʃásni vladénija]

advertência (f)	предупреждение (с)	[predupreʒdénie]
sinal (m) de aviso	предупредителен надпис (м)	[predupredítelen nátpis]

guarda (f)	охрана (ж)	[ohrána]
guarda (m)	охранител (м)	[ohranítel]
alarme (m)	сигнализация (ж)	[signalizátsija]

63. Apartamento

apartamento (m)	апартамент (м)	[apartamént]
quarto (m)	стая (ж)	[stája]

quarto (m) de dormir	спалня (ж)	[spáln/a]
sala (f) de jantar	столова (ж)	[stolová]
sala (f) de estar	гостна (ж)	[góstna]
escritório (m)	кабинет (м)	[kabinét]

antessala (f)	антре (с)	[antré]
quarto (m) de banho	баня (ж)	[bán/a]
toilette (lavabo)	тоалетна (ж)	[toalétna]

teto (m)	таван (м)	[taván]
chão, soalho (m)	под (м)	[pot]
canto (m)	ъгъл (м)	[égəl]

64. Mobiliário. Interior

mobiliário (m)	мебели (мн)	[mébeli]
mesa (f)	маса (ж)	[mása]
cadeira (f)	стол (м)	[stol]
cama (f)	легло (с)	[legló]
divã (m)	диван (м)	[diván]
cadeirão (m)	фотьойл (м)	[fot/ójl]

| estante (f) | книжен шкаф (м) | [kníʒen ʃkaf] |
| prateleira (f) | рафт (м) | [raft] |

guarda-vestidos (m)	гардероб (м)	[garderóp]
cabide (m) de parede	закачалка (ж)	[zakatʃálka]
cabide (m) de pé	закачалка (ж)	[zakatʃálka]

| cómoda (f) | скрин (м) | [skrin] |
| mesinha (f) de centro | малка масичка (ж) | [málka másitʃka] |

espelho (m)	огледало (с)	[ogledálo]
tapete (m)	килим (м)	[kilím]
tapete (m) pequeno	килимче (с)	[kilímtʃe]

lareira (f)	камина (ж)	[kamína]
vela (f)	свещ (м)	[sveʃt]
castiçal (m)	свещник (м)	[svéʃtnik]

cortinas (f pl)	пердета (с мн)	[perdéta]
papel (m) de parede	тапети (м мн)	[tapéti]
estores (f pl)	щора (ж)	[ʃtóra]

| candeeiro (m) de mesa | лампа (ж) за маса | [lámpa za mása] |
| candeeiro (m) de parede | светилник (м) | [svetílnik] |

| candeeiro (m) de pé | лампион (м) | [lampión] |
| lustre (m) | полилей (м) | [poliléj] |

perna (da cadeira, etc.)	крак (м)	[krak]
braço (m)	подлакътник (м)	[podlákətnik]
costas (f pl)	облегалка (ж)	[oblegálka]
gaveta (f)	чекмедже (с)	[tʃekmedʒé]

65. Quarto de dormir

roupa (f) de cama	спално бельо (с)	[spálno belʲó]
almofada (f)	възглавница (ж)	[vəzglávnitsa]
fronha (f)	калъфка (ж)	[kaléfka]
cobertor (m)	одеяло (с)	[odejálo]
lençol (m)	чаршаф (м)	[tʃarʃáf]
colcha (f)	завивка (ж)	[zavífka]

66. Cozinha

cozinha (f)	кухня (ж)	[kúhnʲa]
gás (m)	газ (м)	[gas]
fogão (m) a gás	газова печка (ж)	[gázova pétʃka]
fogão (m) elétrico	електрическа печка (ж)	[elektrítʃeska pétʃka]
forno (m)	фурна (ж)	[fúrna]
forno (m) de micro-ondas	микровълнова печка (ж)	[mikrovélnova pétʃka]
frigorífico (m)	хладилник (м)	[hladílnik]
congelador (m)	фризер (м)	[frízer]
máquina (f) de lavar louça	съдомиялна машина (ж)	[sədomijálna maʃína]
moedor (m) de carne	месомелачка (ж)	[meso·melátʃka]
espremedor (m)	сокоизстисквачка (ж)	[soko·isstiskvátʃka]
torradeira (f)	тостер (м)	[tóster]
batedeira (f)	миксер (м)	[míkser]
máquina (f) de café	кафеварка (ж)	[kafevárka]
cafeteira (f)	кафеник (м)	[kafeník]
moinho (m) de café	кафемелачка (ж)	[kafe·melátʃka]
chaleira (f)	чайник (м)	[tʃájnik]
bule (m)	чайник (м)	[tʃájnik]
tampa (f)	капачка (ж)	[kapátʃka]
coador (f) de chá	цедка (ж)	[tsétka]
colher (f)	лъжица (ж)	[ləʒítsa]
colher (f) de chá	чаена лъжица (ж)	[tʃáena ləʒítsa]
colher (f) de sopa	супена лъжица (ж)	[súpena ləʒítsa]
garfo (m)	вилица (ж)	[vílitsa]
faca (f)	нож (м)	[noʒ]
louça (f)	съдове (м мн)	[sédove]
prato (m)	чиния (ж)	[tʃiníja]
pires (m)	малка чинийка (ж)	[málka tʃiníjka]
cálice (m)	чашка (ж)	[tʃáʃka]
copo (m)	чаша (ж)	[tʃáʃa]
chávena (f)	чаша (ж)	[tʃáʃa]
açucareiro (m)	захарница (ж)	[zaharnítsa]
saleiro (m)	солница (ж)	[solnítsa]
pimenteiro (m)	пиперница (ж)	[pipérnitsa]

manteigueira (f)	съд (м) за краве масло	[sət za kráve masló]
panela, caçarola (f)	тенджера (ж)	[téndʒera]
frigideira (f)	тиган (м)	[tigán]
concha (f)	черпак (м)	[tʃerpák]
passador (m)	гевгир (м)	[gevgír]
bandeja (f)	табла (ж)	[tábla]

garrafa (f)	бутилка (ж)	[butílka]
boião (m) de vidro	буркан (м)	[burkán]
lata (f)	тенекия (ж)	[tenekíja]

abre-garrafas (m)	отварачка (ж)	[otvarátʃka]
abre-latas (m)	отварачка (ж)	[otvarátʃka]
saca-rolhas (m)	тирбушон (м)	[tirbuʃón]
filtro (m)	филтър (м)	[fíltər]
filtrar (vt)	филтрирам	[filtríram]

| lixo (m) | боклук (м) | [boklúk] |
| balde (m) do lixo | кофа (ж) за боклук | [kófa za boklúk] |

67. Casa de banho

quarto (m) de banho	баня (ж)	[bánʲa]
água (f)	вода (ж)	[vodá]
torneira (f)	смесител (м)	[smesítel]
água (f) quente	топла вода (ж)	[tópla vodá]
água (f) fria	студена вода (ж)	[studéna vodá]

pasta (f) de dentes	паста (ж) за зъби	[pásta za zébi]
escovar os dentes	мия си зъбите	[míja si zébite]
escova (f) de dentes	четка (ж) за зъби	[tʃétka za zébi]

barbear-se (vr)	бръсна се	[brésna se]
espuma (f) de barbear	пяна (ж) за бръснене	[pʲána za brésnene]
máquina (f) de barbear	бръснач (м)	[brəsnátʃ]

lavar (vt)	мия	[míja]
lavar-se (vr)	мия се	[míja se]
duche (m)	душ (м)	[duʃ]
tomar um duche	вземам душ	[vzémam duʃ]

banheira (f)	вана (ж)	[vána]
sanita (f)	тоалетна чиния (ж)	[toalétna tʃiníja]
lavatório (m)	мивка (ж)	[mífka]

| sabonete (m) | сапун (м) | [sapún] |
| saboneteira (f) | сапуниерка (ж) | [sapuniérka] |

esponja (f)	гъба (ж)	[géba]
champô (m)	шампоан (м)	[ʃampoán]
toalha (f)	кърпа (ж)	[kérpa]
roupão (m) de banho	хавлиен халат (м)	[havlíen halát]
lavagem (f)	пране (с)	[prané]
máquina (f) de lavar	перална машина (ж)	[perálna maʃína]

lavar a roupa	пера	[perá]
detergente (m)	прах (м) за пране	[prah za prané]

68. Eletrodomésticos

televisor (m)	телевизор (м)	[televízor]
gravador (m)	касетофон (м)	[kasetofón]
videogravador (m)	видео (с)	[vídeo]
rádio (m)	радиоприемник (м)	[radio·priémnik]
leitor (m)	плейър (м)	[pléer]
projetor (m)	прожекционен апарат (м)	[proʒektsiónen aparát]
cinema (m) em casa	домашно кино (с)	[domáʃno kíno]
leitor (m) de DVD	DVD плейър (м)	[dividí pléer]
amplificador (m)	усилвател (м)	[usilvátel]
console (f) de jogos	игрова приставка (ж)	[igrová pristáfka]
câmara (f) de vídeo	видеокамера (ж)	[video·kámera]
máquina (f) fotográfica	фотоапарат (м)	[fotoaparát]
câmara (f) digital	цифров фотоапарат (м)	[tsífrov fotoaparát]
aspirador (m)	прахосмукачка (ж)	[praho·smukátʃka]
ferro (m) de engomar	ютия (ж)	[jutíja]
tábua (f) de engomar	дъска (ж) за гладене	[deská za gládene]
telefone (m)	телефон (м)	[telefón]
telemóvel (m)	мобилен телефон (м)	[mobílen telefón]
máquina (f) de escrever	пишеща машинка (ж)	[píʃeʃta maʃínka]
máquina (f) de costura	шевна машина (ж)	[ʃévna maʃína]
microfone (m)	микрофон (м)	[mikrofón]
auscultadores (m pl)	слушалки (ж мн)	[sluʃálki]
controlo remoto (m)	пулт (м)	[pult]
CD (m)	CD диск (м)	[sidí disk]
cassete (f)	касета (ж)	[kaséta]
disco (m) de vinil	плоча (ж)	[plótʃa]

ATIVIDADES HUMANAS

Emprego. Negócios. Parte 1

69. Escritório. O trabalho no escritório

escritório (~ de advogados)	офис (м)	[ófis]
escritório (do diretor, etc.)	кабинет (м)	[kabinét]
receção (f)	рецепция (ж)	[retséptsija]
secretário (m)	секретар (м)	[sekretár]
diretor (m)	директор (м)	[diréktor]
gerente (m)	мениджър (м)	[ménidʒər]
contabilista (m)	счетоводител (м)	[stʃetovodítel]
empregado (m)	сътрудник (м)	[sətrúdnik]
mobiliário (m)	мебели (мн)	[mébeli]
mesa (f)	маса (ж)	[mása]
cadeira (f)	фотьойл (м)	[fotʲójl]
bloco (m) de gavetas	шкафче (с)	[ʃkáftʃe]
cabide (m) de pé	закачалка (ж)	[zakatʃálka]
computador (m)	компютър (м)	[kompʲútər]
impressora (f)	принтер (м)	[prínter]
fax (m)	факс (м)	[faks]
fotocopiadora (f)	ксерокс (м)	[kséroks]
papel (m)	хартия (ж)	[hartíja]
artigos (m pl) de escritório	канцеларски материали (ж мн)	[kantselárski materiáli]
tapete (m) de rato	подложка (ж) за мишка	[podlóʃka za míʃka]
folha (f) de papel	лист (м)	[list]
catálogo (m)	каталог (м)	[katalók]
diretório (f) telefónico	справочник (м)	[spravótʃnik]
documentação (f)	документация (ж)	[dokumentátsija]
brochura (f)	брошура (ж)	[broʃúra]
flyer (m)	листовка (ж)	[listófka]
amostra (f)	образец (м)	[obrazéts]
formação (f)	тренинг (м)	[tréning]
reunião (f)	съвещание (с)	[səveʃtánie]
hora (f) de almoço	обедна почивка (ж)	[óbedna potʃífka]
fazer uma cópia	ксерокопирам	[kserokopíram]
tirar cópias	размножа	[razmnoʒá]
receber um fax	получавам факс	[polutʃávam faks]
enviar um fax	изпращам факс	[ispráʃtam faks]
fazer uma chamada	обаждам се	[obáʒdam se]

responder (vt)	отговоря	[otgovórʲa]
passar (vt)	свържа	[svérʒa]
marcar (vt)	назначавам	[naznatʃávam]
demonstrar (vt)	демонстрирам	[demonstríram]
estar ausente	отсъствам	[otséstvam]
ausência (f)	отсъствие (c)	[otséstvie]

70. Processos negociais. Parte 1

negócio (m)	дело (c), бизнес (м)	[délo], [bíznes]
firma, empresa (f)	фирма (ж)	[fírma]
companhia (f)	компания (ж)	[kompánija]
corporação (f)	корпорация (ж)	[korporátsija]
empresa (f)	предприятие (c)	[predprijátie]
agência (f)	агенция (ж)	[agéntsija]
acordo (documento)	договор (м)	[dógovor]
contrato (m)	контракт (м)	[kontrákt]
acordo (transação)	сделка (ж)	[sdélka]
encomenda (f)	поръчка (ж)	[porétʃka]
cláusulas (f pl), termos (m pl)	условие (c)	[uslóvie]
por grosso (adv)	на едро	[na édro]
por grosso (adj)	на едро	[na édro]
venda (f) por grosso	продажба (ж) на едро	[prodáʒba na édro]
a retalho	на дребно	[na drébno]
venda (f) a retalho	продажба (ж) на дребно	[prodáʒba na drébno]
concorrente (m)	конкурент (м)	[konkurént]
concorrência (f)	конкуренция (ж)	[konkuréntsija]
competir (vi)	конкурирам	[konkuríram]
sócio (m)	партньор (м)	[partnʲór]
parceria (f)	партньорство (c)	[partnʲórstvo]
crise (f)	криза (ж)	[kríza]
bancarrota (f)	фалит (м)	[falít]
entrar em falência	фалирам	[falíram]
dificuldade (f)	трудност (ж)	[trúdnost]
problema (m)	проблем (м)	[problém]
catástrofe (f)	катастрофа (ж)	[katastrófa]
economia (f)	икономика (ж)	[ikonómika]
económico	икономически	[ikonomítʃeski]
recessão (f) económica	икономически спад (м)	[ikonomítʃeski spat]
objetivo (m)	цел (ж)	[tsel]
tarefa (f)	задача (ж)	[zadátʃa]
comercializar (vi)	търгувам	[tərgúvam]
rede (de distribuição)	мрежа (ж)	[mréʒa]
estoque (m)	склад (м)	[sklat]
sortido (m)	асортимент (м)	[asortimént]

líder (m)	лидер (м)	[líder]
grande (~ empresa)	голям	[golʲám]
monopólio (m)	монопол (м)	[monopól]
teoria (f)	теория (ж)	[teórija]
prática (f)	практика (ж)	[práktika]
experiência (falar por ~)	опит (м)	[ópit]
tendência (f)	тенденция (ж)	[tendéntsija]
desenvolvimento (m)	развитие (с)	[razvítie]

71. Processos negociais. Parte 2

rentabilidade (f)	изгода (ж)	[izgóda]
rentável	изгоден	[izgóden]
delegação (f)	делегация (ж)	[delegátsija]
salário, ordenado (m)	работна заплата (ж)	[rabótna zapláta]
corrigir (um erro)	поправям	[poprávʲam]
viagem (f) de negócios	командировка (ж)	[komandirófka]
comissão (f)	комисия (ж)	[komísija]
controlar (vt)	контролирам	[kontrolíram]
conferência (f)	конференция (ж)	[konferéntsija]
licença (f)	лиценз (м)	[litsénz]
fiável	надежден	[nadéʒden]
empreendimento (m)	начинание (с)	[natʃinánie]
norma (f)	норма (ж)	[nórma]
circunstância (f)	обстоятелство (с)	[obstojátelstvo]
dever (m)	задължение (с)	[zadəlʒénie]
empresa (f)	организация (ж)	[organizátsija]
organização (f)	организиране (с)	[organizíranz]
organizado	организиран	[organizíran]
anulação (f)	отмяна (ж)	[otmʲána]
anular, cancelar (vt)	отменя	[otmenʲá]
relatório (m)	отчет (м)	[ottʃét]
patente (f)	патент (м)	[patént]
patentear (vt)	патентовам	[patentóvam]
planear (vt)	планирам	[planíram]
prémio (m)	премия (ж)	[prémija]
profissional	професионален	[profesionálen]
procedimento (m)	процедура (ж)	[protsedúra]
examinar (a questão)	разгледам	[razglédam]
cálculo (m)	изчисляване (с)	[istʃislʲávane]
reputação (f)	репутация (ж)	[reputátsija]
risco (m)	риск (м)	[risk]
dirigir (~ uma empresa)	ръководя	[rəkovódʲa]
informação (f)	сведения (с мн)	[svédenija]
propriedade (f)	собственост (ж)	[sóbstvenost]

união (f)	съюз (м)	[səjúz]
seguro (m) de vida	застраховка (ж) живот	[zastrahófka ʒivót]
fazer um seguro	застраховам	[zastrahóvam]
seguro (m)	застраховка (ж)	[zastrahófka]

leilão (m)	търгове (с)	[tərgove]
notificar (vt)	уведомявам	[uvedomʲávam]
gestão (f)	управление (с)	[upravlénie]
serviço (indústria de ~s)	услуга (ж)	[uslúga]

fórum (m)	форум (м)	[fórum]
funcionar (vi)	функционирам	[funktsioníram]
estágio (m)	етап (м)	[etáp]
jurídico	юридически	[juridítʃeski]
jurista (m)	юрист (м)	[juríst]

72. Produção. Trabalhos

usina (f)	завод (м)	[zavót]
fábrica (f)	фабрика (ж)	[fábrika]
oficina (f)	цех (м)	[tseh]
local (m) de produção	производство (с)	[proizvótstvo]

indústria (f)	промишленост (ж)	[promíʃlenost]
industrial	промишлен	[promíʃlen]
indústria (f) pesada	тежка промишленост (ж)	[téʃka promíʃlenost]
indústria (f) ligeira	лека промишленост (ж)	[léka promíʃlenost]

produção (f)	продукция (ж)	[prodúktsija]
produzir (vt)	произвеждам	[proizvéʒdam]
matérias (f pl) primas	суровини (ж мн)	[surovinɪ́]

chefe (m) de brigada	бригадир (м)	[brigadír]
brigada (f)	бригада (ж)	[brigáda]
operário (m)	работник (м)	[rabótnik]

dia (m) de trabalho	работен ден (м)	[rabóten den]
pausa (f)	почивка (ж)	[potʃífka]
reunião (f)	събрание (с)	[səbránie]
discutir (vt)	обсъждам	[obséʒdam]

plano (m)	план (м)	[plan]
cumprir o plano	изпълнявам план	[ispəlnʲávam plan]
taxa (f) de produção	норма (ж)	[nórma]
qualidade (f)	качество (с)	[kátʃestvo]
controlo (m)	контрола (ж)	[kontróla]
controlo (m) da qualidade	контрол (м) за качество	[kontról za kátʃestvo]

segurança (f) no trabalho	безопасност (ж) на труда	[bezopásnost na trudá]
disciplina (f)	дисциплина (ж)	[distsiplína]
infração (f)	нарушение (с)	[naruʃénie]
violar (as regras)	нарушавам	[naruʃávam]
greve (f)	стачка (ж)	[státʃka]
grevista (m)	стачник (м)	[státʃnik]

estar em greve	стачкувам	[statʃkúvam]
sindicato (m)	профсъюз (м)	[profsəjúz]
inventar (vt)	изобретявам	[izobretʲávam]
invenção (f)	изобретение (с)	[izobreténie]
pesquisa (f)	изследване (с)	[isslédvane]
melhorar (vt)	подобрявам	[podobrʲávam]
tecnologia (f)	технология (ж)	[tehnológija]
desenho (m) técnico	чертеж (м)	[tʃertéʒ]
carga (f)	товар (м)	[továr]
carregador (m)	хамалин (м)	[hamálin]
carregar (vt)	натоварвам	[natovárvam]
carregamento (m)	товарене (с)	[továrene]
descarregar (vt)	разтоварвам	[raztovárvam]
descarga (f)	разтоварване (с)	[raztovárvane]
transporte (m)	транспорт (м)	[transpórt]
companhia (f) de transporte	транспортна компания (ж)	[transpórtna kompánija]
transportar (vt)	транспортирам	[transportíram]
vagão (m) de carga	вагон (м)	[vagón]
cisterna (f)	цистерна (ж)	[tsistérna]
camião (m)	камион (м)	[kamión]
máquina-ferramenta (f)	машина (ж)	[maʃína]
mecanismo (m)	механизъм (м)	[mehanízəm]
resíduos (m pl) industriais	отпадъци (мн)	[otpádətsi]
embalagem (f)	опаковане (ж)	[opakóvane]
embalar (vt)	опаковам	[opakóvam]

73. Contrato. Acordo

contrato (m)	контракт (м)	[kontrákt]
acordo (m)	съглашение (с)	[səglaʃénie]
adenda (f), anexo (m)	приложение (с)	[priloʒénie]
assinar o contrato	сключа договор	[sklʲútʃa dógovor]
assinatura (f)	подпис (м)	[pótpis]
assinar (vt)	подпиша	[potpíʃa]
carimbo (m)	печат (м)	[petʃát]
objeto (m) do contrato	предмет (м) на договор	[predmét na dógovor]
cláusula (f)	точка (ж)	[tótʃka]
partes (f pl)	страни (ж мн)	[stranî]
morada (f) jurídica	юридически адрес (м)	[juridítʃeski adrés]
violar o contrato	наруша договор	[naruʃá dógovor]
obrigação (f)	задължение (с)	[zadəłʒénie]
responsabilidade (f)	отговорност (с)	[otgovórnost]
força (f) maior	форсмажор (м)	[fors·maʒór]
litígio (m), disputa (f)	спор (м)	[spor]
multas (f pl)	глоба (ж)	[glóba]

74. Importação & Exportação

importação (f)	внос (м)	[vnos]
importador (m)	вносител (м)	[vnosítel]
importar (vt)	внасям	[vnásʲam]
de importação	внесен	[vnósen]
exportação (f)	експорт (м)	[ekspórt]
exportador (m)	износител (м)	[iznosítel]
exportar (vt)	изнасям	[iznásʲam]
de exportação	експортен	[ekspórten]
mercadoria (f)	стока (ж)	[stóka]
lote (de mercadorias)	партида (ж)	[partída]
peso (m)	тегло (с)	[tegló]
volume (m)	обем (м)	[obém]
metro (m) cúbico	кубически метър (м)	[kubítʃeski métər]
produtor (m)	производител (м)	[proizvodítel]
companhia (f) de transporte	транспортна компания (ж)	[transpórtna kompánija]
contentor (m)	контейнер (м)	[kontéjner]
fronteira (f)	граница (ж)	[gránitsa]
alfândega (f)	митница (ж)	[mítnitsa]
taxa (f) alfandegária	мито (с)	[mitó]
funcionário (m) da alfândega	митничар (м)	[mitnitʃár]
contrabando (atividade)	контрабанда (ж)	[kontrabánda]
contrabando (produtos)	контрабанда (ж)	[kontrabánda]

75. Finanças

ação (f)	акция (ж)	[áktsija]
obrigação (f)	облигация (ж)	[obligátsija]
nota (f) promissória	полица (ж)	[pólitsa]
bolsa (f)	борса (ж)	[bórsa]
cotação (m) das ações	курс (м) на акции	[kurs na áktsii]
tornar-se mais barato	поевтинея	[poeftinéja]
tornar-se mais caro	поскъпнея	[poskəpnéja]
parte (f)	дял (м)	[dʲal]
participação (f) maioritária	контролен пакет (м)	[kontrólen pakét]
investimento (m)	инвестиции (ж мн)	[investítsii]
investir (vt)	инвестирам	[investíram]
percentagem (f)	лихвен процент (м)	[líhven protsént]
juros (m pl)	проценти (м мн)	[protsénti]
lucro (m)	печалба (ж)	[petʃálba]
lucrativo	печеливш	[petʃelívʃ]
imposto (m)	данък (м)	[dánək]

divisa (f)	валута (ж)	[valúta]
nacional	национален	[natsionálen]
câmbio (m)	обмяна (ж)	[obmʲána]
contabilista (m)	счетоводител (м)	[stʃetovodítel]
contabilidade (f)	счетоводство (с)	[stʃetovótstvo]
bancarrota (f)	фалит (м)	[falít]
falência (f)	фалит (м)	[falít]
ruína (f)	фалиране (с)	[falírane]
arruinar-se (vr)	фалирам	[falíram]
inflação (f)	инфлация (ж)	[inflátsija]
desvalorização (f)	девалвация (ж)	[devalvátsija]
capital (m)	капитал (м)	[kapitál]
rendimento (m)	доход (м)	[dóhot]
volume (m) de negócios	оборот (м)	[oborót]
recursos (m pl)	ресурси (мн)	[resúrsi]
recursos (m pl) financeiros	парични средства (с мн)	[parítʃni srétstva]

76. Marketing

marketing (m)	маркетинг (м)	[markéting]
mercado (m)	пазар (м)	[pazár]
segmento (m) do mercado	пазарен сегмент (м)	[pazáren segmént]
produto (m)	продукт (м)	[prodúkt]
mercadoria (f)	стока (ж)	[stóka]
marca (f) comercial	търговска марка (ж)	[tɘrgófska márka]
logotipo (m)	фирмена марка (ж)	[fírmena márka]
logo (m)	лого (с)	[lógo]
demanda (f)	търсене (с)	[tɘ́rsene]
oferta (f)	предложение (с)	[predloʒénie]
necessidade (f)	нужда (ж)	[núʒda]
consumidor (m)	потребител (м)	[potrebítel]
análise (f)	анализ (м)	[análiz]
analisar (vt)	анализирам	[analizíram]
posicionamento (m)	позициониране (с)	[pozitsionírane]
posicionar (vt)	позиционирам	[pozitsioníram]
preço (m)	цена (ж)	[tsená]
política (f) de preços	ценова политика (ж)	[tsenová politíka]
formação (f) de preços	ценообразуване (с)	[tseno·obrazúvane]

77. Publicidade

publicidade (f)	реклама (ж)	[rekláma]
publicitar (vt)	рекламирам	[reklamíram]
orçamento (m)	бюджет (м)	[bʲudʒét]
anúncio (m) publicitário	реклама (ж)	[rekláma]

publicidade (f) televisiva	телевизионна реклама (ж)	[televiziónna rekláma]
publicidade (f) na rádio	радио реклама (ж)	[rádio rekláma]
publicidade (f) exterior	външна реклама (ж)	[vénʃna rekláma]
meios (m pl) de comunicação social	масмедия (ж)	[masmédija]
periódico (m)	периодично издание (с)	[periodítʃno izdánie]
imagem (f)	имидж (м)	[ímidʒ]
slogan (m)	лозунг (м)	[lózung]
mote (m), divisa (f)	девиз (м)	[devíz]
campanha (f)	кампания (ж)	[kampánija]
companha (f) publicitária	рекламна кампания (ж)	[reklámna kampánija]
grupo (m) alvo	целева аудитория (ж)	[tselevá auditórija]
cartão (m) de visita	визитка (ж)	[vizítka]
flyer (m)	листовка (ж)	[listófka]
brochura (f)	брошура (ж)	[broʃúra]
folheto (m)	диплянка (ж)	[diplʲánka]
boletim (~ informativo)	бюлетин (с)	[bʲuletín]
letreiro (m)	табела (ж)	[tabéla]
cartaz, póster (m)	постер (м)	[póster]
painel (m) publicitário	билборд (м)	[bilbórt]

78. Banca

banco (m)	банка (ж)	[bánka]
sucursal, balcão (f)	клон (м)	[klon]
consultor (m)	консултант (м)	[konsultánt]
gerente (m)	управител (м)	[uprávitel]
conta (f)	сметка (ж)	[smétka]
número (m) da conta	номер (м) на сметка	[nómer na smétka]
conta (f) corrente	текуща сметка (ж)	[tekúʃta smétka]
conta (f) poupança	спестовна сметка (ж)	[spestóvna smétka]
abrir uma conta	откривам сметка	[otkrívam smétka]
fechar uma conta	закривам сметка	[zakrívam smétka]
depositar na conta	депозирам в сметка	[depozíram f smétka]
levantar (vt)	тегля от сметката	[téglʲa ot smétkata]
depósito (m)	влог (м)	[vlok]
fazer um depósito	направя влог	[naprávʲa vlok]
transferência (f) bancária	превод (м)	[prévot]
transferir (vt)	направя превод	[naprávʲa prévot]
soma (f)	сума (ж)	[súma]
Quanto?	Колко?	[kólko]
assinatura (f)	подпис (м)	[pótpis]
assinar (vt)	подпиша	[potpíʃa]

cartão (m) de crédito	кредитна карта (ж)	[kréditna kárta]
código (m)	код (м)	[kot]
número (m) do cartão de crédito	номер (м) на кредитна карта	[nómer na kréditna kárta]
Caixa Multibanco (m)	банкомат (м)	[bankomát]
cheque (m)	чек (м)	[ʧek]
passar um cheque	подписа чек	[potpíʃa ʧek]
livro (m) de cheques	чекова книжка (ж)	[ʧékova kníʃka]
empréstimo (m)	кредит (м)	[krédit]
pedir um empréstimo	кандидатствам за кредит	[kandidátstvam za krédit]
obter um empréstimo	взимам кредит	[vzímam krédit]
conceder um empréstimo	предоставям кредит	[predostávʲam krédit]
garantia (f)	гаранция (ж)	[garántsija]

79. Telefone. Conversação telefónica

telefone (m)	телефон (м)	[telefón]
telemóvel (m)	мобилен телефон (м)	[mobílen telefón]
secretária (f) electrónica	телефонен секретар (м)	[telefónen sekretár]
fazer uma chamada	обаждам се	[obáʒdam se]
chamada (f)	обаждане (с)	[obáʒdane]
marcar um número	набирам номер	[nabíram nómer]
Alô!	Ало!	[álo]
perguntar (vt)	питам	[pítam]
responder (vt)	отговарям	[otgovárʲam]
ouvir (vt)	чувам	[ʧúvam]
bem	добре	[dobré]
mal	лошо	[lóʃo]
ruído (m)	шумове (м мн)	[ʃúmove]
auscultador (m)	слушалка (ж)	[sluʃálka]
pegar o telefone	вдигам слушалката	[vdígam sluʃálkata]
desligar (vi)	затварям телефона	[zatvárʲam telefóna]
ocupado	заета	[zaéta]
tocar (vi)	звъня	[zvənʲá]
lista (f) telefónica	телефонен справочник (м)	[telefónen spravóʧnik]
local	селищен	[séliʃten]
chamada (f) local	селищен разговор (м)	[séliʃten rázgovor]
para outra cidade	междуградски	[meʒdugrátski]
chamada (f) para outra cidade	междуградски разговор (м)	[meʒdugrátski rázgovor]
internacional	международен	[meʒdunaróden]
chamada (f) internacional	международен разговор (м)	[meʒdunaróden rázgovor]

80. Telefone móvel

telemóvel (m)	мобилен телефон (м)	[mobílen telefón]
ecrã (m)	дисплей (м)	[displéj]
botão (m)	бутон (м)	[butón]
cartão SIM (m)	SIM-карта (ж)	[sim-kárta]
bateria (f)	батерия (ж)	[batérija]
descarregar-se	изтощавам	[iztoʃtávam]
carregador (m)	зареждащо устройство (с)	[zaréʒdaʃto ustrójstvo]
menu (m)	меню (с)	[menʲú]
definições (f pl)	настройки (ж мн)	[nastrójki]
melodia (f)	мелодия (ж)	[melódija]
escolher (vt)	избера	[izberá]
calculadora (f)	калкулатор (м)	[kalkulátor]
correio (m) de voz	телефонен секретар (м)	[telefónen sekretár]
despertador (m)	будилник (м)	[budílnik]
contatos (m pl)	телефонен справочник (м)	[telefónen spravótʃnik]
mensagem (f) de texto	SMS съобщение (с)	[esemés səobʃténie]
assinante (m)	абонат (м)	[abonát]

81. Estacionário

caneta (f)	химикалка (ж)	[hlmikálka]
caneta (f) tinteiro	перодръжка (ж)	[perodréʒka]
lápis (m)	молив (м)	[móliv]
marcador (m)	маркер (м)	[márker]
caneta (f) de feltro	флумастер (м)	[flumáster]
bloco (m) de notas	тефтер (м)	[teftér]
agenda (f)	ежедневник (м)	[eʒednévnik]
régua (f)	линийка (ж)	[línijka]
calculadora (f)	калкулатор (м)	[kalkulátor]
borracha (f)	гума (ж)	[gúma]
pionés (m)	кабърче (с)	[kábərtʃe]
clipe (m)	кламер (м)	[klámer]
cola (f)	лепило (с)	[lepílo]
agrafador (m)	телбод (м)	[telbót]
furador (m)	перфоратор (м)	[perforátor]
afia-lápis (m)	острилка (ж)	[ostrílka]

82. Tipos de negócios

serviços (m pl) de contabilidade	счетоводни услуги (ж мн)	[stʃetovódni uslúgi]
publicidade (f)	реклама (ж)	[rekláma]

agência (f) de publicidade	рекламна агенция (ж)	[reklámna agéntsija]
ar condicionado (m)	климатици (м мн)	[klimatítsi]
companhia (f) aérea	авиокомпания (ж)	[aviokompánija]

bebidas (f pl) alcoólicas	алкохолни напитки (ж мн)	[alkohólni napítki]
comércio (m) de antiguidades	антиквариат (м)	[antikvariát]
galeria (f) de arte	галерия (ж)	[galérija]
serviços (m pl) de auditoria	одиторски услуги (ж мн)	[odítorski uslúgi]

negócios (m pl) bancários	банков бизнес (м)	[bánkov bíznes]
bar (m)	бар (м)	[bar]
salão (m) de beleza	козметичен салон (м)	[kozmetítʃen salón]
livraria (f)	книжарница (ж)	[kniʒárnitsa]
cervejaria (f)	пивоварна (ж)	[pivovárna]
centro (m) de escritórios	бизнес-център (м)	[bíznes-tséntər]
escola (f) de negócios	бизнес-училище (с)	[bíznes-utʃíliʃte]

casino (m)	казино (с)	[kazíno]
construção (f)	строителство (с)	[stroítelstvo]
serviços (m pl) de consultoria	консултиране (с)	[konsultírane]

estomatologia (f)	стоматология (ж)	[stomatológija]
design (m)	дизайн (м)	[dizájn]
farmácia (f)	аптека (ж)	[aptéka]
lavandaria (f)	химическо чистене (с)	[himítʃesko tʃístene]
agência (f) de emprego	агенция (ж) за подбор на персонал	[agéntsija za podbór na personál]

serviços (m pl) financeiros	финансови услуги (ж мн)	[finánsovi uslúgi]
alimentos (m pl)	хранителни стоки (ж мн)	[hranítelni stóki]
agência (f) funerária	погребални услуги (мн)	[pogrebálni uslúgi]
mobiliário (m)	мебели (мн)	[mébeli]
roupa (f)	облекло (с)	[oblekló]
hotel (m)	хотел (м)	[hotél]

gelado (m)	сладолед (м)	[sladolét]
indústria (f)	промишленост (ж)	[promíʃlenost]
seguro (m)	застраховане (с)	[zastrahóvane]
internet (f)	интернет (м)	[internét]
investimento (m)	инвестиции (ж мн)	[investítsii]

joalheiro (m)	златар (м)	[zlatár]
joias (f pl)	златарски изделия (с мн)	[zlatárski izdélija]
lavandaria (f)	пералня (ж)	[perálnʲa]
serviços (m pl) jurídicos	юридически услуги (ж мн)	[juridítʃeski uslúgi]
indústria (f) ligeira	лека промишленост (ж)	[léka promíʃlenost]

revista (f)	списание (с)	[spisánie]
vendas (f pl) por catálogo	каталожна търговия (ж)	[katalóʒna tərgovíja]
medicina (f)	медицина (ж)	[meditsína]

cinema (m)	кинотеатър (м)	[kinoteátər]
museu (m)	музей (м)	[muzéj]
agência (f) de notícias	информационна агенция (ж)	[informatsiónna agéntsija]
jornal (m)	вестник (м)	[vésnik]

clube (m) noturno	нощен клуб (м)	[nóʃten klup]
petróleo (m)	нефт (м)	[neft]
serviço (m) de encomendas	куриерска служба (ж)	[kuriérska slúʒba]
indústria (f) farmacêutica	фармацевтика (ж)	[farmatséftika]
poligrafia (f)	полиграфия (ж)	[poligrafíja]
editora (f)	издателство (с)	[izdátelstvo]
rádio (m)	радио (с)	[rádio]
imobiliário (m)	недвижими имоти (мн)	[nedvíʒimi imóti]
restaurante (m)	ресторант (м)	[restoránt]
empresa (f) de segurança	охранителна агенция (ж)	[ohranítelna agéntsija]
desporto (m)	спорт (м)	[sport]
bolsa (f)	борса (ж)	[bórsa]
loja (f)	магазин (м)	[magazín]
supermercado (m)	супермаркет (м)	[supermárket]
piscina (f)	басейн (м)	[baséjn]
alfaiataria (f)	ателие (с)	[atelié]
televisão (f)	телевизия (ж)	[televízija]
teatro (m)	театър (м)	[teátər]
comércio (atividade)	търговия (ж)	[tərgovíja]
serviços (m pl) de transporte	превоз (м)	[prévos]
viagens (m pl)	туризъм (м)	[turízəm]
veterinário (m)	ветеринар (м)	[veterinár]
armazém (m)	склад (м)	[sklat]
recolha (f) do lixo	извозване (с) на боклук	[izvózvane na boklúk]

Emprego. Negócios. Parte 2

83. Espetáculo. Feira

feira (f)	изложба (ж)	[izlóʒba]
feira (f) comercial	търговска изложба (ж)	[tərgófska izlóʒba]
participação (f)	участие (с)	[utʃástie]
participar (vi)	участвам	[utʃástvam]
participante (m)	участник (м)	[utʃásnik]
diretor (m)	директор (м)	[diréktor]
direção (f)	дирекция (ж)	[diréktsija]
organizador (m)	организатор (м)	[organizátor]
organizar (vt)	организирам	[organizíram]
ficha (f) de inscrição	заявка (ж) за участие	[zajáfka za utʃástie]
preencher (vt)	попълня	[popélnʲa]
detalhes (m pl)	детайли (м мн)	[detájli]
informação (f)	информация (ж)	[informátsija]
preço (m)	цена (ж)	[tsená]
incluindo	включително	[fklʲutʃítelno]
incluir (vt)	включвам	[fklʲútʃvam]
pagar (vt)	плащам	[pláʃtam]
taxa (f) de inscrição	регистрационна такса (ж)	[registratsiónna táksa]
entrada (f)	вход (м)	[vhot]
pavilhão (m)	павилион (м)	[pavilión]
inscrever (vt)	регистрирам	[registríram]
crachá (m)	бадж (м)	[badʒ]
stand (m)	щанд (м)	[ʃtant]
reservar (vt)	резервирам	[rezervíram]
vitrina (f)	витрина (ж)	[vitrína]
foco, spot (m)	светилник (м)	[svetílnik]
design (m)	дизайн (м)	[dizájn]
pôr, colocar (vt)	нареждам	[naréʒdam]
distribuidor (m)	дистрибутор (м)	[distribútor]
fornecedor (m)	доставчик (м)	[dostávtʃik]
país (m)	страна (ж)	[straná]
estrangeiro	чуждестранен	[tʃuʒdestránen]
produto (m)	продукт (м)	[prodúkt]
associação (f)	асоциация (ж)	[asotsiátsija]
sala (f) de conferências	конферентна зала (ж)	[konferéntna zála]
congresso (m)	конгрес (м)	[kongrés]

concurso (m)	конкурс (м)	[konkúrs]
visitante (m)	посетител (м)	[posetítel]
visitar (vt)	посещавам	[poseʃtávam]
cliente (m)	клиент (м)	[kliént]

84. Ciência. Investigação. Cientistas

ciência (f)	наука (ж)	[naúka]
científico	научен	[naútʃen]
cientista (m)	учен (м)	[útʃen]
teoria (f)	теория (ж)	[teórija]
axioma (m)	аксиома (ж)	[aksióma]
análise (f)	анализ (м)	[análiz]
analisar (vt)	анализирам	[analizíram]
argumento (m)	аргумент (м)	[argumént]
substância (f)	вещество (с)	[veʃtestvó]
hipótese (f)	хипотеза (ж)	[hipotéza]
dilema (m)	дилема (ж)	[diléma]
tese (f)	дисертация (ж)	[disertátsija]
dogma (m)	догма (ж)	[dógma]
doutrina (f)	доктрина (ж)	[doktrína]
pesquisa (f)	изследване (с)	[isslédvane]
pesquisar (vt)	изследвам	[isslédvam]
teste (m)	контрола (ж)	[kontróla]
laboratório (m)	лаборатория (ж)	[laboratórija]
método (m)	метод (м)	[métot]
molécula (f)	молекула (ж)	[molekúla]
monitoramento (m)	мониторинг (м)	[monitóring]
descoberta (f)	откритие (с)	[otkrítie]
postulado (m)	постулат (м)	[postulát]
princípio (m)	принцип (м)	[príntsip]
prognóstico (previsão)	прогноза (ж)	[prognóza]
prognosticar (vt)	прогнозирам	[prognozíram]
síntese (f)	синтеза (ж)	[sintéza]
tendência (f)	тенденция (ж)	[tendéntsija]
teorema (m)	теорема (ж)	[teoréma]
ensinamentos (m pl)	учение (с)	[utʃénie]
facto (m)	факт (м)	[fakt]
expedição (f)	експедиция (ж)	[ekspedítsija]
experiência (f)	експеримент (м)	[eksperimént]
académico (m)	академик (м)	[akademík]
bacharel (m)	бакалавър (м)	[bakalávər]
doutor (m)	доктор (м)	[dóktor]
docente (m)	доцент (м)	[dotsént]
mestre (m)	магистър (м)	[magístər]
professor (m) catedrático	професор (м)	[profésor]

Profissões e ocupações

85. Procura de emprego. Demissão

trabalho (m)	работа (ж)	[rábota]
equipa (f)	щат (м)	[ʃtat]
carreira (f)	кариера (ж)	[kariéra]
perspetivas (f pl)	перспектива (ж)	[perspektíva]
mestria (f)	майсторство (с)	[májstorstvo]
seleção (f)	подбиране (с)	[podbírane]
agência (f) de emprego	агенция (ж) за подбор на персонал	[agéntsija za podbór na personál]
CV, currículo (m)	резюме (с)	[rezʲumé]
entrevista (f) para um emprego	интервю (с)	[intervʲú]
vaga (f)	вакантно място (с)	[vakántno mʲásto]
salário (m)	работна заплата (ж)	[rabótna zapláta]
pagamento (m)	плащане (с)	[pláʃtane]
posto (m)	длъжност (ж)	[dléʒnost]
dever (do empregado)	задължение (с)	[zadəłʒénie]
gama (f) de deveres	кръг (м)	[krək]
ocupado	зает	[zaét]
despedir, demitir (vt)	уволня	[uvolnʲá]
demissão (f)	уволнение (с)	[uvolnénie]
desemprego (m)	безработица (ж)	[bezrabótitsa]
desempregado (m)	безработен човек (м)	[bezrabóten tʃovék]
reforma (f)	пенсия (ж)	[pénsija]
reformar-se	пенсионирам се	[pensioníram se]

86. Gente de negócios

diretor (m)	директор (м)	[diréktor]
gerente (m)	управител (м)	[uprávitel]
patrão, chefe (m)	ръководител (м)	[rəkovodítel]
superior (m)	началник (м)	[natʃálnik]
superiores (m pl)	началство (с)	[natʃálstvo]
presidente (m)	президент (м)	[prezidént]
presidente (m) de direção	председател (м)	[pretsedátel]
substituto (m)	заместник (м)	[zamésnik]
assistente (m)	помощник (м)	[pomóʃtnik]

secretário (m)	секретар (м)	[sekretár]
secretário (m) pessoal	личен секретар (м)	[lítʃen sekretár]
homem (m) de negócios	бизнесмен (м)	[biznesmén]
empresário (m)	предприемач (м)	[predpriemátʃ]
fundador (m)	основател (м)	[osnovátel]
fundar (vt)	основа	[osnová]
fundador, sócio (m)	учредител (м)	[utʃredítel]
parceiro, sócio (m)	партньор (м)	[partnʲór]
acionista (m)	акционер (м)	[aktsionér]
milionário (m)	милионер (м)	[milionér]
bilionário (m)	милиардер (м)	[miliardér]
proprietário (m)	собственик (м)	[sóbstvenik]
proprietário (m) de terras	земевладелец (м)	[zemevladélets]
cliente (m)	клиент (м)	[kliént]
cliente (m) habitual	постоянен клиент (м)	[postojánen kliént]
comprador (m)	купувач (м)	[kupuvátʃ]
visitante (m)	посетител (м)	[posetítel]
profissional (m)	професионалист (м)	[profesionalíst]
perito (m)	експерт (м)	[ekspért]
especialista (m)	специалист (м)	[spetsialíst]
banqueiro (m)	банкер (м)	[bankér]
corretor (m)	брокер (м)	[bróker]
caixa (m, f)	касиер (м)	[kasiér]
contabilista (m)	счетоводител (м)	[stʃetovodítel]
guarda (m)	охранител (м)	[ohranítel]
investidor (m)	инвеститор (м)	[investítor]
devedor (m)	длъжник (м)	[dləʒník]
credor (m)	кредитор (м)	[kredítor]
mutuário (m)	заемател (м)	[zaemátel]
importador (m)	вносител (м)	[vnosítel]
exportador (m)	износител (м)	[iznosítel]
produtor (m)	производител (м)	[proizvodítel]
distribuidor (m)	дистрибутор (м)	[distribútor]
intermediário (m)	посредник (м)	[posrédnik]
consultor (m)	консултант (м)	[konsultánt]
representante (m)	представител (м)	[pretstávitel]
agente (m)	агент (м)	[agént]
agente (m) de seguros	застрахователен агент (м)	[zastrahovátelen agent]

87. Profissões de serviços

cozinheiro (m)	готвач (м)	[gotvátʃ]
cozinheiro chefe (m)	главен готвач (м)	[gláven gotvátʃ]

padeiro (m)	фурнаджия (ж)	[furnadʒíja]
barman (m)	барман (м)	[bárman]
empregado (m) de mesa	сервитьор (м)	[servitʲór]
empregada (f) de mesa	сервитьорка (ж)	[servitʲórka]
advogado (m)	адвокат (м)	[advokát]
jurista (m)	юрист (м)	[juríst]
notário (m)	нотариус (м)	[notárius]
eletricista (m)	монтьор (м)	[montʲór]
canalizador (m)	водопроводчик (м)	[vodoprovóttʃik]
carpinteiro (m)	дърводелец (м)	[dərvodélets]
massagista (m)	масажист (м)	[masaʒíst]
massagista (f)	масажистка (ж)	[masaʒístka]
médico (m)	лекар (м)	[lékar]
taxista (m)	таксиметров шофьор (м)	[taksimétrof ʃofʲór]
condutor (automobilista)	шофьор (м)	[ʃofʲór]
entregador (m)	куриер (м)	[kuriér]
camareira (f)	камериерка (ж)	[kameriérka]
guarda (m)	охранител (м)	[ohranítel]
hospedeira (f) de bordo	стюардеса (ж)	[stʲuardésa]
professor (m)	учител (м)	[utʃítel]
bibliotecário (m)	библиотекар (м)	[bibliotekár]
tradutor (m)	преводач (м)	[prevodátʃ]
intérprete (m)	преводач (м)	[prevodátʃ]
guia (pessoa)	гид (м)	[git]
cabeleireiro (m)	фризьор (м)	[frizʲór]
carteiro (m)	пощальон (м)	[poʃtalʲón]
vendedor (m)	продавач (м)	[prodavátʃ]
jardineiro (m)	градинар (м)	[gradinár]
criado (m)	слуга (м)	[slugá]
criada (f)	слугиня (ж)	[slugínʲa]
empregada (f) de limpeza	чистачка (ж)	[tʃistátʃka]

88. Profissões militares e postos

soldado (m) raso	редник (м)	[rédnik]
sargento (m)	сержант (м)	[serʒánt]
tenente (m)	лейтенант (м)	[lejtenánt]
capitão (m)	капитан (м)	[kapitán]
major (m)	майор (м)	[majór]
coronel (m)	полковник (м)	[polkóvnik]
general (m)	генерал (м)	[generál]
marechal (m)	маршал (м)	[márʃal]
almirante (m)	адмирал (м)	[admirál]
militar (m)	военен (м)	[voénen]
soldado (m)	войник (м)	[vojník]

oficial (m)	официер (м)	[ofitsér]
comandante (m)	командир (м)	[komandír]
guarda (m) fronteiriço	митничар (м)	[mitnitʃár]
operador (m) de rádio	радист (м)	[radíst]
explorador (m)	разузнавач (м)	[razuznavátʃ]
sapador (m)	сапьор (м)	[sapʲór]
atirador (m)	стрелец (м)	[streléts]
navegador (m)	щурман (м)	[ʃtúrman]

89. Oficiais. Padres

rei (m)	крал (м)	[kral]
rainha (f)	кралица (ж)	[kralítsa]
príncipe (m)	принц (м)	[prints]
princesa (f)	принцеса (ж)	[printsésa]
czar (m)	цар (м)	[tsar]
czarina (f)	царица (ж)	[tsarítsa]
presidente (m)	президент (м)	[prezidént]
ministro (m)	министър (м)	[minístər]
primeiro-ministro (m)	министър-председател (м)	[minístər-pretsedátel]
senador (m)	сенатор (м)	[senátor]
diplomata (m)	дипломат (м)	[diplomát]
cônsul (m)	консул (м)	[kónsul]
embaixador (m)	посланик (м)	[poslánik]
conselheiro (m)	съветник (м)	[səvétnik]
funcionário (m)	чиновник (м)	[tʃinóvnik]
prefeito (m)	префект (м)	[prefékt]
Presidente (m) da Câmara	кмет (м)	[kmet]
juiz (m)	съдия (м)	[sədijá]
procurador (m)	прокурор (м)	[prokurór]
missionário (m)	мисионер (м)	[misionér]
monge (m)	монах (м)	[monáh]
abade (m)	абат (м)	[abát]
rabino (m)	равин (м)	[ravín]
vizir (m)	везир (м)	[vezír]
xá (m)	шах (м)	[ʃah]
xeque (m)	шейх (м)	[ʃejh]

90. Profissões agrícolas

apicultor (m)	пчеловъд (м)	[ptʃelovét]
pastor (m)	пастир (м)	[pastír]
agrónomo (m)	агроном (м)	[agronóm]

criador (m) de gado	животновъд (м)	[ʒivotnovét]
veterinário (m)	ветеринар (м)	[veterinár]

agricultor (m)	фермер (м)	[férmer]
vinicultor (m)	винар (м)	[vinár]
zoólogo (m)	зоолог (м)	[zoolók]
cowboy (m)	каубой (м)	[káuboj]

91. Profissões artísticas

ator (m)	актьор (м)	[aktjór]
atriz (f)	актриса (ж)	[aktrísa]

cantor (m)	певец (м)	[pevéts]
cantora (f)	певица (ж)	[pevítsa]

bailarino (m)	танцьор (м)	[tantsʲór]
bailarina (f)	танцьорка (ж)	[tantsʲórka]

artista (m)	артист (м)	[artíst]
artista (f)	артистка (ж)	[artístka]

músico (m)	музикант (м)	[muzikánt]
pianista (m)	пианист (м)	[pianíst]
guitarrista (m)	китарист (м)	[kitaríst]

maestro (m)	диригент (м)	[dirigént]
compositor (m)	композитор (м)	[kompozítor]
empresário (m)	импресарио (м)	[impresário]

realizador (m)	режисьор (м)	[reʒisʲór]
produtor (m)	продуцент (м)	[produtsént]
argumentista (m)	сценарист (м)	[stsenaríst]
crítico (m)	критик (м)	[kritík]

escritor (m)	писател (м)	[pisátel]
poeta (m)	поет (м)	[poét]
escultor (m)	скулптор (м)	[skúlptor]
pintor (m)	художник (м)	[hudóʒnik]

malabarista (m)	жонгльор (м)	[ʒonglʲór]
palhaço (m)	клоун (м)	[klóun]
acrobata (m)	акробат (м)	[akrobát]
mágico (m)	фокусник (м)	[fókusnik]

92. Várias profissões

médico (m)	лекар (м)	[lékar]
enfermeira (f)	медицинска сестра (ж)	[meditsínska sestrá]
psiquiatra (m)	психиатър (м)	[psihiátər]
estomatologista (m)	стоматолог (м)	[stomatolók]
cirurgião (m)	хирург (м)	[hirúrk]

astronauta (m)	астронавт (м)	[astronáft]
astrónomo (m)	астроном (м)	[astronóm]
motorista (m)	шофьор (м)	[ʃofʲór]
maquinista (m)	машинист (м)	[maʃiníst]
mecânico (m)	механик (м)	[mehánik]
mineiro (m)	миньор (м)	[minʲór]
operário (m)	работник (м)	[rabótnik]
serralheiro (m)	шлосер (м)	[ʃlóser]
marceneiro (m)	дърводелец (м)	[dərvodélets]
torneiro (m)	стругар (м)	[strugár]
construtor (m)	строител (м)	[stroítel]
soldador (m)	заварчик (м)	[zavártʃik]
professor (m) catedrático	професор (м)	[profésor]
arquiteto (m)	архитект (м)	[arhitékt]
historiador (m)	историк (м)	[istorík]
cientista (m)	учен (м)	[útʃen]
físico (m)	физик (м)	[fizík]
químico (m)	химик (м)	[ḥimík]
arqueólogo (m)	археолог (м)	[arheolók]
geólogo (m)	геолог (м)	[geolók]
pesquisador (cientista)	изследовател (м)	[issledovátel]
babysitter (f)	детегледачка (ж)	[detegledátʃka]
professor (m)	учител, педагог (м)	[utʃítel], [pedagók]
redator (m)	редактор (м)	[redáktor]
redator-chefe (m)	главен редактор (м)	[gláven redáktor]
correspondente (m)	кореспондент (м)	[korespondént]
datilógrafa (f)	машинописка (ж)	[maʃinopíska]
designer (m)	дизайнер (м)	[dizájner]
especialista (m) em informática	компютърен специалист (м)	[kompʲútərən spetsialíst]
programador (m)	програмист (м)	[programíst]
engenheiro (m)	инженер (м)	[inʒenér]
marujo (m)	моряк (м)	[morʲák]
marinheiro (m)	матрос (м)	[matrós]
salvador (m)	спасител (м)	[spasítel]
bombeiro (m)	пожарникар (м)	[poʒarnikár]
polícia (m)	полицай (м)	[politsáj]
guarda-noturno (m)	пазач (м)	[pazátʃ]
detetive (m)	детектив (м)	[detektíf]
funcionário (m) da alfândega	митничар (м)	[mitnitʃár]
guarda-costas (m)	телохранител (с)	[telohranítel]
guarda (m) prisional	надзирател (м)	[nadzirátel]
inspetor (m)	инспектор (м)	[inspéktor]
desportista (m)	спортист (м)	[sportíst]
treinador (m)	треньор (м)	[trenʲór]

talhante (m)	месар (м)	[mesár]
sapateiro (m)	обущар (м)	[obuʃtár]
comerciante (m)	търговец (м)	[tərgóvets]
carregador (m)	хамалин (м)	[hamálin]

| estilista (m) | моделиер (м) | [modeliér] |
| modelo (f) | модел (м) | [modél] |

93. Ocupações. Estatuto social

| aluno, escolar (m) | ученик (м) | [utʃeník] |
| estudante (~ universitária) | студент (м) | [studént] |

filósofo (m)	философ (м)	[filosóf]
economista (m)	икономист (м)	[ikonomíst]
inventor (m)	изобретател (м)	[izobretátel]

desempregado (m)	безработен човек (м)	[bezrabóten tʃovék]
reformado (m)	пенсионер (м)	[pensionér]
espião (m)	шпионин (м)	[ʃpiónin]

preso (m)	затворник (м)	[zatvórnik]
grevista (m)	стачник (м)	[státʃnik]
burocrata (m)	бюрократ (м)	[bʲurokrát]
viajante (m)	пътешественик (м)	[pəteʃéstvenik]

homossexual (m)	хомосексуалист (м)	[homoseksualíst]
hacker (m)	хакер (м)	[háker]
hippie	хипи (м)	[hípi]

bandido (m)	бандит (м)	[bandít]
assassino (m) a soldo	наемен убиец (м)	[naémen ubíets]
toxicodependente (m)	наркоман (м)	[narkomán]
traficante (m)	наркотрафикант (м)	[narkotrafikánt]
prostituta (f)	проститутка (ж)	[prostitútka]
chulo (m)	сутеньор (м)	[sutenʲór]

bruxo (m)	магьосник (м)	[magʲósnik]
bruxa (f)	магьосница (ж)	[magʲósnitsa]
pirata (m)	пират (м)	[pirát]
escravo (m)	роб (м)	[rop]
samurai (m)	самурай (м)	[samurái]
selvagem (m)	дивак (м)	[divák]

Educação

94. Escola

escola (f)	училище (c)	[utʃíliʃte]
diretor (m) de escola	директор (м) на училище	[diréktor na utʃíliʃte]
aluno (m)	ученик (м)	[utʃeník]
aluna (f)	ученичка (ж)	[utʃeníʧka]
escolar (m)	ученик (м)	[utʃeník]
escolar (f)	ученичка (ж)	[utʃeníʧka]
ensinar (vt)	уча	[úʧa]
aprender (vt)	уча	[úʧa]
aprender de cor	уча наизуст	[úʧa naizúst]
estudar (vi)	уча се	[úʧa se]
andar na escola	ходя на училище	[hódʲa na utʃíliʃte]
ir â escola	отивам на училище	[otívam na utʃíliʃte]
alfabeto (m)	алфавит (м)	[alfavít]
disciplina (f)	предмет (м)	[predmét]
sala (f) de aula	клас (м)	[klas]
lição (f)	час (м)	[ʧas]
recreio (m)	междучасие (c)	[meʒduʧásie]
toque (m)	звънец (м)	[zvənéts]
carteira (f)	чин (м)	[ʧin]
quadro (m) negro	дъска (ж)	[dəská]
nota (f)	бележка (ж)	[beléʃka]
boa nota (f)	добра оценка (ж)	[dobrá otsénka]
nota (f) baixa	лоша оценка (ж)	[lóʃa otsénka]
dar uma nota	пиша оценка (ж)	[píʃa otsénka]
erro (m)	грешка (ж)	[gréʃka]
fazer erros	правя грешки	[právʲa gréʃki]
corrigir (vt)	поправям	[poprávʲam]
cábula (f)	пищов (м)	[piʃtóv]
dever (m) de casa	домашно (c)	[domáʃno]
exercício (m)	упражнение (c)	[upraʒnénie]
estar presente	присъствам	[priséstvam]
estar ausente	отсъствам	[otséstvam]
punir (vt)	наказвам	[nakázvam]
punição (f)	наказание (c)	[nakazánie]
comportamento (m)	поведение (c)	[povedénie]
boletim (m) escolar	дневник (м)	[dnévnik]

lápis (m)	молив (м)	[móliv]
borracha (f)	гума (ж)	[gúma]
giz (m)	тебешир (м)	[tebeʃír]
estojo (m)	несесер (м)	[nesesér]
pasta (f) escolar	раница (ж)	[ránitsa]
caneta (f)	химикалка (ж)	[himikálka]
caderno (m)	тетрадка (ж)	[tetrátka]
manual (m) escolar	учебник (м)	[utʃébnik]
compasso (m)	пергел (м)	[pergél]
traçar (vt)	чертая	[tʃertája]
desenho (m) técnico	чертеж (м)	[tʃertéʒ]
poesia (f)	стихотворение (с)	[stihotvorénie]
de cor	наизуст	[naizúst]
aprender de cor	уча наизуст	[útʃa naizúst]
férias (f pl)	ваканция (ж)	[vakántsija]
estar de férias	във ваканция съм	[vəf vakántsija səm]
passar as férias	прекарвам ваканция	[prekárvam vakántsija]
teste (m)	контролна работа (ж)	[kontrólna rábota]
composição, redação (f)	съчинение (с)	[sətʃinénie]
ditado (m)	диктовка (ж)	[diktófka]
exame (m)	изпит (м)	[íspit]
fazer exame	полагам изпити	[polágam íspiti]
experiência (~ química)	опит (м)	[ópit]

95. Colégio. Universidade

academia (f)	академия (ж)	[akadémija]
universidade (f)	университет (м)	[universitét]
faculdade (f)	факултет (м)	[fakultét]
estudante (m)	студент (м)	[studént]
estudante (f)	студентка (ж)	[studéntka]
professor (m)	преподавател (м)	[prepodavátel]
sala (f) de palestras	аудитория (ж)	[auditórija]
graduado (m)	абсолвент (м)	[absolvént]
diploma (m)	диплома (ж)	[díploma]
tese (f)	дисертация (ж)	[disertátsija]
estudo (obra)	изследване (с)	[isslédvane]
laboratório (m)	лаборатория (ж)	[laboratórija]
palestra (f)	лекция (ж)	[léktsija]
colega (m) de curso	състудент (м)	[səstudént]
bolsa (f) de estudos	стипендия (ж)	[stipéndija]
grau (m) académico	научна степен (ж)	[naútʃna stépen]

96. Ciências. Disciplinas

matemática (f)	математика (ж)	[matemátika]
álgebra (f)	алгебра (ж)	[álgebra]
geometria (f)	геометрия (ж)	[geométrija]
astronomia (f)	астрономия (ж)	[astronómija]
biologia (f)	биология (ж)	[biológija]
geografia (f)	география (ж)	[geográfija]
geologia (f)	геология (ж)	[geológija]
história (f)	история (ж)	[istórija]
medicina (f)	медицина (ж)	[meditsína]
pedagogia (f)	педагогика (ж)	[pedagógika]
direito (m)	право (с)	[právo]
física (f)	физика (ж)	[fízika]
química (f)	химия (ж)	[hímija]
filosofia (f)	философия (ж)	[filosófija]
psicologia (f)	психология (ж)	[psihológija]

97. Sistema de escrita. Ortografia

gramática (f)	граматика (ж)	[gramátika]
vocabulário (m)	лексика (ж)	[léksika]
fonética (f)	фонетика (ж)	[fonétika]
substantivo (m)	съществително име (с)	[səʃtestvítelno íme]
adjetivo (m)	прилагателно име (с)	[prilagátelno íme]
verbo (m)	глагол (м)	[glagól]
advérbio (m)	наречие (с)	[narétʃie]
pronome (m)	местоимение (с)	[mestoiménie]
interjeição (f)	междуметие (с)	[meʒdumétie]
preposição (f)	предлог (м)	[predlók]
raiz (f) da palavra	корен (м) на думата	[kóren na dúmata]
terminação (f)	окончание (с)	[okontʃánie]
prefixo (m)	представка (ж)	[pretstáfka]
sílaba (f)	сричка (ж)	[srítʃka]
sufixo (m)	наставка (ж)	[nastáfka]
acento (m)	ударение (с)	[udarénie]
apóstrofo (m)	апостроф (м)	[apostróf]
ponto (m)	точка (ж)	[tótʃka]
vírgula (f)	запетая (ж)	[zapetája]
ponto e vírgula (m)	точка (ж) и запетая	[tótʃka i zapetája]
dois pontos (m pl)	двоеточие (с)	[dvoetótʃie]
reticências (f pl)	многоточие (с)	[mnogotótʃie]
ponto (m) de interrogação	въпросителен знак (м)	[vəprosítelen znák]
ponto (m) de exclamação	удивителна (ж)	[udivítelna]

aspas (f pl)	кавички (мн)	[kavítʃki]
entre aspas	в кавички	[v kavítʃki]
parênteses (m pl)	скоби (ж мн)	[skóbi]
entre parênteses	в скоби	[v skóbi]
hífen (m)	дефис (м)	[defís]
travessão (m)	тире (с)	[tiré]
espaço (m)	бяло поле (с)	[bʲálo polé]
letra (f)	буква (ж)	[búkva]
letra (f) maiúscula	главна буква (ж)	[glávna búkva]
vogal (f)	гласен звук (м)	[glásen zvuk]
consoante (f)	съгласен звук (м)	[səglásen zvuk]
frase (f)	изречение (с)	[izretʃénie]
sujeito (m)	подлог (м)	[pódlok]
predicado (m)	сказуемо (с)	[skazúemo]
linha (f)	ред (м)	[ret]
em uma nova linha	от нов ред	[ot nóv ret]
parágrafo (m)	абзац (м)	[abzáts]
palavra (f)	дума (ж)	[dúma]
grupo (m) de palavras	словосъчетание (с)	[slovo·sətʃetánie]
expressão (f)	израз (м)	[ízraz]
sinónimo (m)	синоним (м)	[sinoním]
antónimo (m)	антоним (м)	[antoním]
regra (f)	правило (с)	[právilo]
exceção (f)	изключение (с)	[izklʲutʃénie]
correto	верен	[véren]
conjugação (f)	спрежение (с)	[spreʒénie]
declinação (f)	склонение (с)	[sklonénie]
caso (m)	падеж (м)	[padéʒ]
pergunta (f)	въпрос (м)	[vəprós]
sublinhar (vt)	подчертая	[podtʃertája]
linha (f) pontilhada	пунктир (м)	[punktír]

98. Línguas estrangeiras

língua (f)	език (м)	[ezík]
estrangeiro	чужд	[tʃuʒd]
língua (f) estrangeira	чужд език (м)	[tʃuʒd ezík]
estudar (vt)	изучавам	[izutʃávam]
aprender (vt)	уча	[útʃa]
ler (vt)	чета	[tʃeta]
falar (vi)	говоря	[govórʲa]
compreender (vt)	разбирам	[razbíram]
escrever (vt)	пиша	[píʃa]
rapidamente	бързо	[bɜ́rzo]
devagar	бавно	[bávno]

fluentemente	свободно	[svobódno]
regras (f pl)	правила (с мн)	[pravilá]
gramática (f)	граматика (ж)	[gramátika]
vocabulário (m)	лексика (ж)	[léksika]
fonética (f)	фонетика (ж)	[fonétika]
manual (m) escolar	учебник (м)	[utʃébnik]
dicionário (m)	речник (м)	[rétʃnik]
manual (m) de autoaprendizagem	самоучител (м)	[samoutʃítel]
guia (m) de conversação	разговорник (м)	[razgovórnik]
cassete (f)	касета (ж)	[kaséta]
vídeo cassete (m)	видеокасета (ж)	[video-kaséta]
CD (m)	CD диск (м)	[sidí disk]
DVD (m)	DVD (м)	[dividí]
alfabeto (m)	алфавит (м)	[alfavít]
soletrar (vt)	спелувам	[spelúvam]
pronúncia (f)	произношение (с)	[proiznoʃénie]
sotaque (m)	акцент (м)	[aktsént]
com sotaque	с акцент	[s aktsént]
sem sotaque	без акцент	[bez aktsént]
palavra (f)	дума (ж)	[dúma]
sentido (m)	смисъл (м)	[smísəl]
cursos (m pl)	курсове (м мн)	[kúrsove]
inscrever-se (vr)	запиша се	[zapíʃa se]
professor (m)	преподавател (м)	[prepodavátel]
tradução (processo)	превод (м)	[prévot]
tradução (texto)	превод (м)	[prévot]
tradutor (m)	преводач (м)	[prevodátʃ]
intérprete (m)	преводач (м)	[prevodátʃ]
poliglota (m)	полиглот (м)	[poliglót]
memória (f)	памет (ж)	[pámet]

Descanso. Entretenimento. Viagens

99. Viagens

turismo (m)	туризъм (м)	[turízəm]
turista (m)	турист (м)	[turíst]
viagem (f)	пътешествие (с)	[pəteʃéstvie]
aventura (f)	приключение (с)	[priklʲutʃénie]
viagem (f)	пътуване (с)	[pətúvane]
férias (f pl)	отпуска (ж)	[ótpuska]
estar de férias	бъда в отпуска	[bə́da v ótpuska]
descanso (m)	почивка (ж)	[potʃífka]
comboio (m)	влак (м)	[vlak]
de comboio (chegar ~)	с влак	[s vlak]
avião (m)	самолет (м)	[samolét]
de avião	със самолет	[səs samolét]
de carro	с кола	[s kolá]
de navio	с кораб	[s kórap]
bagagem (f)	багаж (м)	[bagáʃ]
mala (f)	куфар (м)	[kúfar]
carrinho (m)	количка (ж) за багаж	[kolítʃka za bagáʃ]
passaporte (m)	паспорт (м)	[paspórt]
visto (m)	виза (ж)	[víza]
bilhete (m)	билет (м)	[bilét]
bilhete (m) de avião	самолетен билет (м)	[samoléten bilét]
guia (m) de viagem	пътеводител (м)	[pətevodítel]
mapa (m)	карта (ж)	[kárta]
local (m), area (f)	местност (ж)	[méstnost]
lugar, sítio (m)	място (с)	[mʲásto]
exotismo (m)	екзотика (ж)	[ekzótika]
exótico	екзотичен	[ekzotítʃen]
surpreendente	удивителен	[udivítelen]
grupo (m)	група (ж)	[grúpa]
excursão (f)	екскурзия (ж)	[ekskúrzija]
guia (m)	гид (м)	[git]

100. Hotel

hotel (m)	хотел (м)	[hotél]
motel (m)	мотел (м)	[motél]
três estrelas	три звезди	[tri zvezdí]

cinco estrelas	пет звезди	[pet zvezdí]
ficar (~ num hotel)	отсядам	[otsʲádam]

quarto (m)	стая (ж) в хотел	[stája f hotél]
quarto (m) individual	единична стая (ж)	[edinítʃna stája]
quarto (m) duplo	двойна стая (ж)	[dvójna stája]
reservar um quarto	резервирам стая	[rezervíram stája]

meia pensão (f)	полупансион (м)	[polupansión]
pensão (f) completa	пълен пансион (м)	[pǽlen pansión]

com banheira	с баня	[s bánʲa]
com duche	с душ	[s duʃ]
televisão (m) satélite	сателитна телевизия (ж)	[satelítna televízija]
ar (m) condicionado	климатик (м)	[klimatík]
toalha (f)	кърпа (ж)	[kǽrpa]
chave (f)	ключ (м)	[klʲutʃ]

administrador (m)	администратор (м)	[administrátor]
camareira (f)	камериерка (ж)	[kameriérka]
bagageiro (m)	носач (м)	[nosátʃ]
porteiro (m)	портиер (м)	[portiér]

restaurante (m)	ресторант (м)	[restoránt]
bar (m)	бар (м)	[bar]
pequeno-almoço (m)	закуска (ж)	[zakúska]
jantar (m)	вечеря (ж)	[vetʃérʲa]
buffet (m)	шведска маса (ж)	[ʃvétska mása]

hall (m) de entrada	вестибюл (м)	[vestibʲúl]
elevador (m)	асансьор (м)	[asansʲór]

NÃO PERTURBE	НЕ МЕ БЕЗПОКОЙТЕ!	[ne me bespokójte]
PROIBIDO FUMAR!	ПУШЕНЕТО ЗАБРАНЕНО!	[puʃenéto zabráneno]

EQUIPAMENTO TÉCNICO. TRANSPORTES

Equipamento técnico. Transportes

101. Computador

computador (m)	компютър (м)	[kompʲútər]
portátil (m)	лаптоп (м)	[laptóp]
ligar (vt)	включа	[fklʲútʃa]
desligar (vt)	изключа	[isklʲútʃa]
teclado (m)	клавиатура (ж)	[klaviatúra]
tecla (f)	клавиш (м)	[klavíʃ]
rato (m)	мишка (ж)	[míʃka]
tapete (m) de rato	подложка (ж) за мишка	[podlóʃka za míʃka]
botão (m)	бутон (м)	[butón]
cursor (m)	курсор (м)	[kursór]
monitor (m)	монитор (м)	[monítor]
ecrã (m)	екран (м)	[ekrán]
disco (m) rígido	твърд диск (м)	[tvérd dísk]
capacidade (f) do disco rígido	капацитет на твърдия диск	[kapatsitét na tvérdija disk]
memória (f)	памет (ж)	[pámet]
memória (f) operativa	операционна памет (ж)	[operatsiónna pámet]
ficheiro (m)	файл (м)	[fajl]
pasta (f)	папка (ж)	[pápka]
abrir (vt)	отворя	[otvórʲa]
fechar (vt)	затворя	[zatvórʲa]
guardar (vt)	съхраня	[səhranʲá]
apagar, eliminar (vt)	изтрия	[istríja]
copiar (vt)	копирам	[kopíram]
ordenar (vt)	сортирам	[sortíram]
copiar (vt)	копира	[kopíra]
programa (m)	програма (ж)	[prográma]
software (m)	софтуер (м)	[softuér]
programador (m)	програмист (м)	[programíst]
programar (vt)	програмирам	[programíram]
hacker (m)	хакер (м)	[háker]
senha (f)	парола (ж)	[paróla]
vírus (m)	вирус (м)	[vírus]
detetar (vt)	намеря	[namérʲa]

byte (m)	байт (м)	[bajt]
megabyte (m)	мегабайт (м)	[megabájt]
dados (m pl)	данни (мн)	[dánni]
base (f) de dados	база (ж) данни	[báza dánni]
cabo (m)	кабел (м)	[kábel]
desconectar (vt)	разединя	[razedinʲá]
conetar (vt)	съединя	[səedinʲá]

102. Internet. E-mail

internet (f)	интернет (м)	[internét]
browser (m)	браузър (м)	[bráuzər]
motor (m) de busca	търсачка (ж)	[tərsátʃka]
provedor (m)	интернет доставчик (м)	[ínternet dostáftʃik]
webmaster (m)	уеб майстор (м)	[web májstor]
website, sítio web (m)	уеб сайт (м)	[web sajt]
página (f) web	уеб страница (ж)	[web stránitsa]
endereço (m)	адрес (м)	[adrés]
livro (m) de endereços	адресна книга (ж)	[adrésna kníga]
caixa (f) de correio	пощенска кутия (ж)	[póʃtenska kutíja]
correio (m)	поща (ж)	[póʃta]
cheia (caixa de correio)	препълнен	[prepélnen]
mensagem (f)	съобщение (с)	[səobʃténie]
mensagens (f pl) recebidas	входящи съобщения (с мн)	[fhodʲáʃti səobʃténija]
mensagens (f pl) enviadas	изходящи съобщения (с мн)	[ishodʲáʃti səobʃténija]
remetente (m)	подател (м)	[podátel]
enviar (vt)	изпратя	[isprátʲa]
envio (m)	изпращане (с)	[ispráʃtane]
destinatário (m)	получател (м)	[polutʃátel]
receber (vt)	получа	[polútʃa]
correspondência (f)	кореспонденция (ж)	[korespondéntsija]
corresponder-se (vr)	кореспондирам	[korespondíram]
ficheiro (m)	файл (м)	[fajl]
fazer download, baixar	свалям	[svályam]
criar (vt)	създам	[səzdám]
apagar, eliminar (vt)	изтрия	[istríja]
eliminado	изтрит	[istrít]
ligação (f)	връзка (ж)	[vréska]
velocidade (f)	скорост (ж)	[skórost]
modem (m)	модем (м)	[modém]
acesso (m)	достъп (м)	[dóstəp]
porta (f)	порт (м)	[port]
conexão (f)	връзка (ж)	[vréska]
conetar (vi)	се свържа с ...	[se svérʒa s]

escolher (vt)	избера	[izberá]
buscar (vt)	търся	[tórsʲa]

103. Eletricidade

eletricidade (f)	електричество (с)	[elektrítʃestvo]
elétrico	електрически	[elektrítʃeski]
central (f) elétrica	електроцентрала (ж)	[elektro·tsentrála]
energia (f)	енергия (ж)	[enérgija]
energia (f) elétrica	електроенергия (ж)	[elektro·enérgija]
lâmpada (f)	крушка (ж)	[krúʃka]
lanterna (f)	фенер (м)	[fenér]
poste (m) de iluminação	фенер (м)	[fenér]
luz (f)	електричество (с)	[elektrítʃestvo]
ligar (vt)	включвам	[fklʲútʃvam]
desligar (vt)	изключвам	[isklʲútʃvam]
apagar a luz	изключвам ток	[isklʲútʃvam tok]
fundir (vi)	прегоря	[pregorʲá]
curto-circuito (m)	късо съединение (с)	[kə́so səedinénie]
rutura (f)	прекъсване (с)	[prekə́svane]
contacto (m)	контакт (м)	[kontákt]
interruptor (m)	изключвател (м)	[izklʲutʃvátel]
tomada (f)	контакт (м)	[kontákt]
ficha (f)	щепсел (м)	[ʃtépsel]
extensão (f)	удължител (м)	[udəlʒítel]
fusível (m)	предпазител (м)	[predpázitel]
fio, cabo (m)	кабел (м)	[kábel]
instalação (f) elétrica	инсталация (ж)	[instalátsija]
ampere (m)	ампер (м)	[ampér]
amperagem (f)	сила (ж) на тока	[síla na tóka]
volt (m)	волт (м)	[volt]
voltagem (f)	напрежение (с)	[napreʒénie]
aparelho (m) elétrico	електроуред (м)	[elektroúret]
indicador (m)	индикатор (м)	[indikátor]
eletricista (m)	електротехник (м)	[elektrotehník]
soldar (vt)	запоявам	[zapojávam]
ferro (m) de soldar	поялник (м)	[pojálnik]
corrente (f) elétrica	ток (м)	[tok]

104. Ferramentas

ferramenta (f)	инструмент (м)	[instrumént]
ferramentas (f pl)	инструменти (м мн)	[instruménti]
equipamento (m)	оборудване (с)	[oborúdvane]

martelo (m)	чук (м)	[ʧuk]
chave (f) de fendas	отвертка (ж)	[otvértka]
machado (m)	брадва (ж)	[brádva]
serra (f)	трион (м)	[trión]
serrar (vt)	режа с трион	[réʒa s trión]
plaina (f)	ренде (с)	[rendé]
aplainar (vt)	рендосвам	[rendósvam]
ferro (m) de soldar	поялник (м)	[pojálnik]
soldar (vt)	запоявам	[zapojávam]
lima (f)	пила (ж)	[pilá]
tenaz (f)	клещи (мн)	[kléʃti]
alicate (m)	плоски клещи (мн)	[plóski kléʃti]
formão (m)	длето (с)	[dletó]
broca (f)	свредел (с)	[svredél]
berbequim (f)	дрелка (ж)	[drélka]
furar (vt)	пробивам с дрелка	[probívam s drélka]
faca (f)	нож (м)	[noʒ]
canivete (m)	сгъваем нож (м)	[sgəváem noʒ]
lâmina (f)	острие (с)	[ostrié]
afiado	остър	[óstər]
cego	тъп	[təp]
embotar-se (vr)	затъпявам се	[zatəpʲávam se]
afiar, amolar (vt)	точа	[tótʃa]
parafuso (m)	болт (м)	[bolt]
porca (f)	гайка (ж)	[gájka]
rosca (f)	резба (ж)	[rezbá]
parafuso (m) para madeira	винт (м)	[vint]
prego (m)	пирон (м)	[pirón]
cabeça (f) do prego	глава (ж)	[glavá]
régua (f)	линийка (ж)	[línijka]
fita (f) métrica	рулетка (ж)	[rulétka]
nível (m)	нивелир (с)	[nivelír]
lupa (f)	лупа (ж)	[lúpa]
medidor (m)	измервателен уред (м)	[izmervátelen úret]
medir (vt)	измервам	[izmérvam]
escala (f)	скала (ж)	[skála]
leitura (f)	показание (с)	[pokazánie]
compressor (m)	компресор (м)	[komprésor]
microscópio (m)	микроскоп (м)	[mikroskóp]
bomba (f)	помпа (ж)	[pómpa]
robô (m)	робот (м)	[robót]
laser (m)	лазер (м)	[lázer]
chave (f) de boca	гаечен ключ (м)	[gáeʧen klʲuʧ]
fita (f) adesiva	тиксо (с)	[tíkso]

cola (f)	лепило (c)	[lepílo]
lixa (f)	шмиргелова хартия (ж)	[ʃmírgelova hartíja]
mola (f)	пружина (ж)	[pruʒína]
íman (m)	магнит (м)	[magnít]
luvas (f pl)	ръкавици (ж мн)	[rəkavítsi]

corda (f)	въже (c)	[vəʒé]
cordel (m)	шнур (м)	[ʃnur]
fio (m)	кабел (м)	[kábel]
cabo (m)	кабел (м)	[kábel]

marreta (f)	боен чук (м)	[bóen tʃuk]
pé de cabra (f)	лом (м)	[lom]
escada (f) de mão	стълба (ж)	[stélba]
escadote (m)	подвижна стълба (ж)	[podvíʒna stélba]

enroscar (vt)	завъртам	[zavértam]
desenroscar (vt)	отвъртам	[otvértam]
apertar (vt)	притискам	[pritískam]
colar (vt)	залепвам	[zalépvam]
cortar (vt)	режа	[réʒa]

falha (mau funcionamento)	неизправност (ж)	[neisprávnost]
conserto (m)	поправка (ж)	[popráfka]
consertar, reparar (vt)	ремонтирам	[remontíram]
regular, ajustar (vt)	регулирам	[regulíram]

verificar (vt)	проверявам	[proverʲávam]
verificação (f)	проверка (ж)	[provérka]
leitura (f)	показание (c)	[pokazánie]

seguro	сигурен	[síguren]
complicado	сложен	[slóʒen]

enferrujar (vi)	ръждясвам	[rəʒdʲásvam]
enferrujado	ръждясал	[rəʒdʲásal]
ferrugem (f)	ръжда (ж)	[rəʒdá]

Transportes

105. Avião

avião (m)	самолет (м)	[samolét]
bilhete (m) de avião	самолетен билет (м)	[samoléten bilét]
companhia (f) aérea	авиокомпания (ж)	[aviokompánija]
aeroporto (m)	летище (с)	[letíʃte]
supersónico	свръхзвуков	[svrəh·zvúkov]
comandante (m) do avião	командир (м) на самолет	[komandír na samolét]
tripulação (f)	екипаж (м)	[ekipáʒ]
piloto (m)	пилот (м)	[pilót]
hospedeira (f) de bordo	стюардеса (ж)	[stʲuardésa]
copiloto (m)	щурман (м)	[ʃtúrman]
asas (f pl)	крила (мн)	[krilá]
cauda (f)	опашка (ж)	[opáʃka]
cabine (f) de pilotagem	кабина (ж)	[kabína]
motor (m)	двигател (м)	[dvigátel]
trem (m) de aterragem	шаси (мн)	[ʃasí]
turbina (f)	турбина (ж)	[turbína]
hélice (f)	перка (ж)	[pérka]
caixa-preta (f)	черна кутия (ж)	[tʃérna kutíja]
coluna (f) de controlo	кормило (с)	[kormílo]
combustível (m)	гориво (с)	[gorívo]
instruções (f pl) de segurança	инструкция (ж)	[instrúktsija]
máscara (f) de oxigénio	кислородна маска (ж)	[kisloródna máska]
uniforme (m)	униформа (ж)	[unifórma]
colete (m) salva-vidas	спасителна жилетка (ж)	[spasítelna ʒilétka]
paraquedas (m)	парашут (м)	[paraʃút]
descolagem (f)	излитане (с)	[izlítane]
descolar (vi)	излитам	[izlítam]
pista (f) de descolagem	писта (ж) за излитане	[písta za izlítane]
visibilidade (f)	видимост (ж)	[vídimost]
voo (m)	полет (м)	[pólet]
altura (f)	височина (ж)	[visotʃiná]
poço (m) de ar	въздушна яма (ж)	[vəzdúʃna jáma]
assento (m)	място (с)	[mʲásto]
auscultadores (m pl)	слушалки (ж мн)	[sluʃálki]
mesa (f) rebatível	прибираща се масичка (ж)	[pribíraʃta se másitʃka]
vigia (f)	илюминатор (м)	[ilʲuminátor]
passagem (f)	проход (м)	[próhot]

106. Comboio

comboio (m)	влак (м)	[vlak]
comboio (m) suburbano	електрически влак (м)	[elektrítʃeski vlak]
comboio (m) rápido	бърз влак (м)	[bérz vlak]
locomotiva (f) diesel	дизелов локомотив (м)	[dízelof lokomotíf]
comboio (m) a vapor	парен локомотив (м)	[páren lokomotíf]
carruagem (f)	вагон (м)	[vagón]
carruagem restaurante (f)	вагон-ресторант (м)	[vagón-restoránt]
carris (m pl)	релси (ж мн)	[rélsi]
caminho de ferro (m)	железница (ж)	[ʒeléznitsa]
travessa (f)	траверса (ж)	[travérsa]
plataforma (f)	платформа (ж)	[platfórma]
linha (f)	коловоз (м)	[kolovós]
semáforo (m)	семафор (м)	[semafór]
estação (f)	гара (ж)	[gára]
maquinista (m)	машинист (м)	[maʃiníst]
bagageiro (m)	носач (м)	[nosátʃ]
hospedeiro, -a (da carruagem)	стюард (м)	[stʲuárt]
passageiro (m)	пътник (м)	[pétnik]
revisor (m)	контрольор (м)	[kontrolʲór]
corredor (m)	коридор (м)	[koridór]
freio (m) de emergência	аварийна спирачка (ж)	[avaríjna spirátʃka]
compartimento (m)	купе (с)	[kupé]
cama (f)	легло (с)	[legló]
cama (f) de cima	горно легло (с)	[górno legló]
cama (f) de baixo	долно легло (с)	[dólno legló]
roupa (f) de cama	спално бельо (с)	[spálno belʲó]
bilhete (m)	билет (м)	[bilét]
horário (m)	разписание (с)	[raspisánie]
painel (m) de informação	табло (с)	[tabló]
partir (vt)	заминавам	[zaminávam]
partida (f)	заминаване (с)	[zaminávane]
chegar (vi)	пристигам	[pristígam]
chegada (f)	пристигане (с)	[pristígane]
chegar de comboio	пристигна с влак	[pristígna s vlak]
apanhar o comboio	качвам се във влак	[kátʃvam se vəf vlak]
sair do comboio	слизам от влак	[slízam ot vlak]
acidente (m) ferroviário	катастрофа (ж)	[katastrófa]
descarrilar (vi)	дерайлирам	[derajlíram]
comboio (m) a vapor	парен локомотив (м)	[páren lokomotíf]
fogueiro (m)	огняр (м)	[ognʲár]
fornalha (f)	пещ (м) на локомотив	[peʃt na lokomotíf]
carvão (m)	въглища (ж)	[végliʃta]

107. Barco

navio (m)	кораб (м)	[kórap]
embarcação (f)	плавателен съд (м)	[plavátelen sət]
vapor (m)	параход (м)	[parahót]
navio (m)	моторен кораб (м)	[motóren kórap]
transatlântico (m)	рейсов кораб (м)	[réjsov kórap]
cruzador (m)	крайцер (м)	[krájtser]
iate (m)	яхта (ж)	[jáhta]
rebocador (m)	влекач (м)	[vlekátʃ]
barcaça (f)	шлеп (м)	[ʃlep]
ferry (m)	сал (м)	[sal]
veleiro (m)	платноходка (ж)	[platnohótka]
bergantim (m)	бригантина (ж)	[brigantína]
quebra-gelo (m)	ледоразбивач (м)	[ledo·razbivátʃ]
submarino (m)	подводница (ж)	[podvódnitsa]
bote, barco (m)	лодка (ж)	[lótka]
bote, dingue (m)	лодка (ж)	[lótka]
bote (m) salva-vidas	спасителна лодка (ж)	[spasítelna lótka]
lancha (f)	катер (м)	[káter]
capitão (m)	капитан (м)	[kapitán]
marinheiro (m)	матрос (м)	[matrós]
marujo (m)	моряк (м)	[morʲák]
tripulação (f)	екипаж (м)	[ekipáʒ]
contramestre (m)	боцман (м)	[bótsman]
grumete (m)	юнга (м)	[júnga]
cozinheiro (m) de bordo	корабен готвач (м)	[kóraben gotvátʃ]
médico (m) de bordo	корабен лекар (м)	[kóraben lékar]
convés (m)	палуба (ж)	[páluba]
mastro (m)	мачта (ж)	[mátʃta]
vela (f)	корабно платно (с)	[kórabno platnó]
porão (m)	трюм (м)	[trʲum]
proa (f)	нос (м)	[nos]
popa (f)	кърма (ж)	[kərmá]
remo (m)	гребло (с)	[grebló]
hélice (f)	витло (с)	[vitló]
camarote (m)	каюта (ж)	[kajúta]
sala (f) dos oficiais	каюткомпания (ж)	[kajut kompánija]
sala (f) das máquinas	машинно отделение (с)	[maʃínno otdelénie]
ponte (m) de comando	капитански мостик (м)	[kapitánski móstik]
sala (f) de comunicações	радиобудка (ж)	[rádiobútka]
onda (f) de rádio	вълна (ж)	[vəlná]
diário (m) de bordo	корабен дневник (м)	[kóraben dnévnik]
luneta (f)	далекоглед (м)	[dalekoglét]
sino (m)	камбана (ж)	[kambána]

bandeira (f)	знаме (с)	[zná me]
cabo (m)	дебело въже (с)	[debélo vəʒé]
nó (m)	възел (м)	[vézel]
corrimão (m)	дръжка (ж)	[dréʃka]
prancha (f) de embarque	трап (м)	[trap]
âncora (f)	котва (ж)	[kótva]
recolher a âncora	вдигна котва	[vdígna kótva]
lançar a âncora	хвърля котва	[hvérlʲa kótva]
amarra (f)	котвена верига (ж)	[kótvena veríga]
porto (m)	пристанище (с)	[pristániʃte]
cais, amarradouro (m)	кей (м)	[kej]
atracar (vi)	акостирам	[akostíram]
desatracar (vi)	отплувам	[otplúvam]
viagem (f)	пътешествие (с)	[pəteʃéstvie]
cruzeiro (m)	морско пътешествие (с)	[mórsko pəteʃéstvie]
rumo (m), rota (f)	курс (м)	[kurs]
itinerário (m)	маршрут (м)	[marʃrút]
canal (m) navegável	фарватер (м)	[farváter]
baixio (m)	плитчина (ж)	[plittʃiná]
encalhar (vt)	заседна на плитчина	[zasédna na plittʃiná]
tempestade (f)	буря (ж)	[búrʲa]
sinal (m)	сигнал (м)	[signál]
afundar-se (vr)	потъвам	[potévam]
SOS	SOS	[sos]
boia (f) salva-vidas	спасителен пояс (м)	[spasítilen pójas]

108. Aeroporto

aeroporto (m)	летище (с)	[letíʃte]
avião (m)	самолет (м)	[samolét]
companhia (f) aérea	авиокомпания (ж)	[aviokompánija]
controlador (m) de tráfego aéreo	авиодиспечер (м)	[aviodispétʃer]
partida (f)	излитане (с)	[izlítane]
chegada (f)	кацане (с)	[kátsane]
chegar (~ de avião)	кацна	[kátsna]
hora (f) de partida	време (с) на излитане	[vréme na izlítane]
hora (f) de chegada	време (с) на кацане	[vréme na kátsane]
estar atrasado	закъснявам	[zakəsnʲávam]
atraso (m) de voo	закъснение (с) на излитане	[zakəsnénie na izlítane]
painel (m) de informação	информационно табло (с)	[informatsiónno tabló]
informação (f)	информация (ж)	[informátsija]
anunciar (vt)	обявявам	[obʲavʲávam]
voo (m)	рейс (м)	[rejs]

alfândega (f)	митница (ж)	[mítnitsa]
funcionário (m) da alfândega	митничар (м)	[mitnitʃár]
declaração (f) alfandegária	декларация (ж)	[deklarátsija]
preencher (vt)	попълня	[popélnʲa]
preencher a declaração	попълня декларация	[popélnʲa deklarátsija]
controlo (m) de passaportes	паспортен контрол (м)	[paspórten kontról]
bagagem (f)	багаж (м)	[bagáʃ]
bagagem (f) de mão	ръчен багаж (м)	[rétʃen bagáʃ]
carrinho (m)	количка (ж)	[kolítʃka]
aterragem (f)	кацане (с)	[kátsane]
pista (f) de aterragem	писта (ж) за кацане	[písta za kátsane]
aterrar (vi)	кацам	[kátsam]
escada (f) de avião	стълба (ж)	[stélba]
check-in (m)	регистрация (ж)	[registrátsija]
balcão (m) do check-in	гише (с) за регистрация	[giʃé za registrátsija]
fazer o check-in	регистрирам се	[registríram se]
cartão (m) de embarque	бордна карта (ж)	[bórdna kárta]
porta (f) de embarque	излизане (с)	[izlízane]
trânsito (m)	транзит (м)	[tranzít]
esperar (vi, vt)	чакам	[tʃákam]
sala (f) de espera	чакалня (ж)	[tʃakálnʲa]
despedir-se de ...	изпращам	[ispráʃtam]
despedir-se (vr)	сбогувам се	[sbogúvam se]

Eventos

109. Férias. Evento

festa (f)	празник (м)	[práznik]
festa (f) nacional	национален празник (м)	[natsionálen práznik]
feriado (m)	празничен ден (м)	[práznitʃen den]
festejar (vt)	празнувам	[praznúvam]
evento (festa, etc.)	събитие (с)	[səbítie]
evento (banquete, etc.)	мероприятие (с)	[meroprijátie]
banquete (m)	банкет (м)	[bankét]
receção (f)	прием (м)	[príem]
festim (m)	пир (м)	[pir]
aniversário (m)	годишнина (ж)	[godíʃnina]
jubileu (m)	юбилей (м)	[jubiléj]
celebrar (vt)	отбележа	[otbeléʒa]
Ano (m) Novo	Нова година (ж)	[nóva godína]
Feliz Ano Novo!	Честита нова година!	[tʃestíta nóva godína]
Natal (m)	Коледа	[kóleda]
Feliz Natal!	Весела Коледа!	[vésela kóleda]
árvore (f) de Natal	коледна елха (ж)	[kóledna elhá]
fogo (m) de artifício	заря (ж)	[zarʲá]
boda (f)	сватба (ж)	[svátba]
noivo (m)	годеник (м)	[godeník]
noiva (f)	годеница (ж)	[godenítsa]
convidar (vt)	каня	[kánʲa]
convite (m)	покана (ж)	[pokána]
convidado (m)	гост (м)	[gost]
visitar (vt)	отивам на гости	[otívam na gósti]
receber os hóspedes	посрещам гости	[posréʃtam gósti]
presente (m)	подарък (м)	[podárək]
oferecer (vt)	подарявам	[podarʲávam]
receber presentes	получавам подаръци	[polutʃávam podárətsi]
ramo (m) de flores	букет (м)	[bukét]
felicitações (f pl)	поздравление (с)	[pozdravlénie]
felicitar (dar os parabéns)	поздравявам	[pozdravʲávam]
cartão (m) de parabéns	поздравителна картичка (ж)	[pozdravítelna kártitʃka]
enviar um postal	изпратя картичка	[isprátʲa kártitʃka]
receber um postal	получа картичка	[polútʃa kártitʃka]

brinde (m)	тост (м)	[tost]
oferecer (vt)	черпя	[tʃérpʲa]
champanhe (m)	шампанско (с)	[ʃampánsko]
divertir-se (vr)	веселя се	[veselʲá se]
diversão (f)	веселба (ж)	[veselbá]
alegria (f)	радост (ж)	[rádost]
dança (f)	танц (м)	[tants]
dançar (vi)	танцувам	[tantsúvam]
valsa (f)	валс (м)	[vals]
tango (m)	танго (с)	[tangó]

110. Funerais. Enterro

cemitério (m)	гробища (мн)	[gróbiʃta]
sepultura (f), túmulo (m)	гроб (м)	[grop]
cruz (f)	кръст (м)	[krəst]
lápide (f)	надгробен паметник (м)	[nadgróben pámetnik]
cerca (f)	ограда (ж)	[ográda]
capela (f)	параклис (м)	[paráklis]
morte (f)	смърт (ж)	[smərt]
morrer (vi)	умра	[umrá]
defunto (m)	покойник (м)	[pokójnik]
luto (m)	траур (м)	[tráur]
enterrar, sepultar (vt)	погребвам	[pogrébvam]
agência (f) funerária	погребални услуги (мн)	[pogrebálni uslúgi]
funeral (m)	погребение (с)	[pogrebénie]
coroa (f) de flores	венец (м)	[venéts]
caixão (m)	ковчег (м)	[koftʃék]
carro (m) funerário	катафалка (ж)	[katafálka]
mortalha (f)	саван (м)	[savàn]
procissão (f) funerária	погребално шествие (с)	[pogrebálno ʃéstvie]
urna (f) funerária	урна (ж)	[úrna]
crematório (m)	крематориум (м)	[krematórium]
obituário (m), necrologia (f)	некролог (м)	[nekrolók]
chorar (vi)	плача	[plátʃa]
soluçar (vi)	ридая	[ridája]

111. Guerra. Soldados

pelotão (m)	взвод (м)	[vzvot]
companhia (f)	рота (ж)	[róta]
regimento (m)	полк (м)	[polk]
exército (m)	армия (ж)	[ármija]
divisão (f)	дивизия (ж)	[divízija]

destacamento (m)	отряд (м)	[otrʲát]
hoste (f)	войска (ж)	[vojská]
soldado (m)	войник (м)	[vojník]
oficial (m)	офицер (м)	[ofitsér]
soldado (m) raso	редник (м)	[rédnik]
sargento (m)	сержант (м)	[serʒánt]
tenente (m)	лейтенант (м)	[lejtenánt]
capitão (m)	капитан (м)	[kapitán]
major (m)	майор (м)	[majór]
coronel (m)	полковник (м)	[polkóvnik]
general (m)	генерал (м)	[generál]
marujo (m)	моряк (м)	[morʲák]
capitão (m)	капитан (м)	[kapitán]
contramestre (m)	боцман (м)	[bótsman]
artilheiro (m)	артилерист (м)	[artileríst]
soldado (m) paraquedista	десантчик (м)	[desánttʃik]
piloto (m)	летец (м)	[letéts]
navegador (m)	щурман (м)	[ʃtúrman]
mecânico (m)	механик (м)	[mehánik]
sapador (m)	сапьор (м)	[sapʲór]
paraquedista (m)	парашутист (м)	[paraʃutíst]
explorador (m)	разузнавач (м)	[razuznavátʃ]
franco-atirador (m)	снайперист (м)	[snajperíst]
patrulha (f)	патрул (м)	[patrúl]
patrulhar (vt)	патрулирам	[patrulíram]
sentinela (f)	часови (м)	[tʃasoví]
guerreiro (m)	войник (м)	[vojník]
patriota (m)	патриот (м)	[patriót]
herói (m)	герой (м)	[gerój]
heroína (f)	героиня (ж)	[geroínʲa]
traidor (m)	предател (м)	[predátel]
trair (vt)	предавам	[predávam]
desertor (m)	дезертьор (м)	[dezertʲór]
desertar (vt)	дезертирам	[dezertíram]
mercenário (m)	наемник (м)	[naémnik]
recruta (m)	новобранец (м)	[novobránets]
voluntário (m)	доброволец (м)	[dobrovólets]
morto (m)	убит (м)	[ubít]
ferido (m)	ранен (м)	[ranén]
prisioneiro (m) de guerra	пленник (м)	[plénnik]

112. Guerra. Ações militares. Parte 1

guerra (f)	война (ж)	[vojná]
guerrear (vt)	воювам	[vojúvam]

guerra (f) civil	гражданска война (ж)	[gráʒdanska vojná]
perfidamente	вероломно	[verolómno]
declaração (f) de guerra	обявяване (c)	[obʲavʲávane]
declarar (vt) guerra	обявя	[obʲavʲá]
agressão (f)	агресия (ж)	[agrésija]
atacar (vt)	нападам	[napádam]
invadir (vt)	завземам	[zavzémam]
invasor (m)	окупатор (м)	[okupátor]
conquistador (m)	завоевател (м)	[zavoevátel]
defesa (f)	отбрана (ж)	[otbrána]
defender (vt)	отбранявам	[otbranʲávam]
defender-se (vr)	отбранявам се	[otbranʲávam se]
inimigo (m)	враг (м)	[vrak]
adversário (m)	противник (м)	[protívnik]
inimigo	вражески	[vráʒeski]
estratégia (f)	стратегия (ж)	[stratégija]
tática (f)	тактика (ж)	[táktika]
ordem (f)	заповед (ж)	[zápovet]
comando (m)	команда (ж)	[kománda]
ordenar (vt)	заповядвам	[zapovʲádvam]
missão (f)	задача (ж)	[zadátʃa]
secreto	секретен	[sekréten]
batalha (f)	сражение (с)	[sraʒénie]
combate (m)	бой (м)	[boj]
ataque (m)	атака (ж)	[atáka]
assalto (m)	щурм (м)	[ʃturm]
assaltar (vt)	щурмувам	[ʃturmúvam]
assédio, sítio (m)	обсада (ж)	[obsáda]
ofensiva (f)	настъпление (с)	[nastəplénie]
passar à ofensiva	настъпвам	[nastəpvam]
retirada (f)	отстъпление (с)	[otstəplénie]
retirar-se (vr)	отстъпвам	[otstépvam]
cerco (m)	обкръжение (с)	[opkrəʒénie]
cercar (vt)	обкръжавам	[opkrəʒávam]
bombardeio (m)	бомбардиране (с)	[bombardírane]
lançar uma bomba	хвърлям бомба	[hvérlʲam bómba]
bombardear (vt)	бомбардирам	[bombardíram]
explosão (f)	експлозия (ж)	[eksplózija]
tiro (m)	изстрел (м)	[ísstrel]
disparar um tiro	изстрелям	[isstrélʲam]
tiroteio (m)	стрелба (ж)	[strelbá]
apontar para ...	целя се	[tsélʲa se]
apontar (vt)	насоча	[nasótʃa]

acertar (vt)	улуча	[ulútʃa]
afundar (um navio)	потопя	[potopʲá]
brecha (f)	дупка (ж)	[dúpka]
afundar (vi)	потъвам	[potévam]

frente (m)	фронт (м)	[front]
evacuação (f)	евакуация (ж)	[evakuátsija]
evacuar (vt)	евакуирам	[evakuíram]

arame (m) farpado	бодлив тел (м)	[bodlív tel]
obstáculo (m) anticarro	заграждение (с)	[zagraʒdénie]
torre (f) de vigia	кула (ж)	[kúla]

hospital (m)	военна болница (ж)	[voénna bólnitsa]
ferir (vt)	раня	[ranʲá]
ferida (f)	рана (ж)	[rána]
ferido (m)	ранен (м)	[ranén]
ficar ferido	получа нараняване	[polútʃa naranʲávane]
grave (ferida ~)	тежък	[téʒək]

113. Guerra. Ações militares. Parte 2

cativeiro (m)	плен (м)	[plen]
capturar (vt)	пленявам	[plenʲávam]
estar em cativeiro	намирам се в плен	[namíram se v plen]
ser aprisionado	попадна в плен	[popádna v plen]

campo (m) de concentração	концлагер (м)	[kóntsláger]
prisioneiro (m) de guerra	пленник (м)	[plénnik]
escapar (vi)	бягам	[bʲágam]

trair (vt)	предам	[predám]
traidor (m)	предател (м)	[predátel]
traição (f)	предателство (с)	[predátelstvo]

fuzilar, executar (vt)	разстрелям	[rasstrélʲam]
fuzilamento (m)	разстрелване (с)	[rasstrélvane]

equipamento (m)	военна униформа (ж)	[voénna unifórma]
platina (f)	пагон (м)	[pagón]
máscara (f) antigás	противогаз (м)	[protivogás]

rádio (m)	радиостанция (ж)	[radiostántsija]
cifra (f), código (m)	шифър (м)	[ʃífər]
conspiração (f)	конспирация (ж)	[konspirátsija]
senha (f)	парола (ж)	[paróla]

mina (f)	мина (ж)	[mína]
minar (vt)	минирам	[miníram]
campo (m) minado	минно поле (с)	[mínno polé]

alarme (m) aéreo	въздушна тревога (ж)	[vəzdúʃna trevóga]
alarme (m)	тревога (ж)	[trevóga]
sinal (m)	сигнал (м)	[signál]

sinalizador (m)	сигнална ракета (ж)	[signálna rakéta]
estado-maior (m)	щаб (м)	[ʃtap]
reconhecimento (m)	разузнаване (с)	[razuznávane]
situação (f)	обстановка (ж)	[opstanófka]
relatório (m)	рапорт (м)	[ráport]
emboscada (f)	засада (ж)	[zasáda]
reforço (m)	подкрепа (ж)	[potkrépa]
alvo (m)	мишена (ж)	[miʃéna]
campo (m) de tiro	полигон (м)	[poligón]
manobras (f pl)	маневри (м мн)	[manévri]
pânico (m)	паника (ж)	[pánika]
devastação (f)	разруха (ж)	[razrúha]
ruínas (f pl)	разрушения (с мн)	[razruʃénija]
destruir (vt)	разрушавам	[razruʃávam]
sobreviver (vi)	оцелея	[otseléja]
desarmar (vt)	обезоръжа	[obezorəʒá]
manusear (vt)	служа си	[slúʒa si]
Firmes!	Мирно!	[mírno]
Descansar!	Свободно!	[svobódno]
façanha (f)	подвиг (м)	[pódvik]
juramento (m)	клетва (ж)	[klétva]
jurar (vi)	заклевам се	[zaklévam se]
condecoração (f)	награда (ж)	[nagráda]
condecorar (vt)	награждавам	[nagraʒdávam]
medalha (f)	медал (м)	[medál]
ordem (f)	орден (м)	[órden]
vitória (f)	победа (ж)	[pobéda]
derrota (f)	поражение (с)	[poraʒénie]
armistício (m)	примирие (с)	[primírie]
bandeira (f)	знаме (с)	[známe]
glória (f)	слава (ж)	[sláva]
desfile (m) militar	парад (м)	[parát]
marchar (vi)	маршируваm	[marʃirúvam]

114. Armas

arma (f)	оръжие (с)	[oréʒie]
arma (f) de fogo	огнестрелно оръжие (с)	[ognestrélno oréʒie]
arma (f) branca	хладно оръжие (с)	[hládno oréʒie]
arma (f) química	химическо оръжие (с)	[himítʃesko oréʒie]
nuclear	ядрен	[jádren]
arma (f) nuclear	ядрено оръжие (с)	[jádreno oréʒie]
bomba (f)	бомба (ж)	[bómba]
bomba (f) atómica	атомна бомба (ж)	[átomna bómba]

pistola (f)	пистолет (м)	[pistolét]
caçadeira (f)	пушка (ж)	[púʃka]
pistola-metralhadora (f)	автомат (м)	[aftomát]
metralhadora (f)	картечница (ж)	[kartétʃnitsa]
boca (f)	дуло (с)	[dúlo]
cano (m)	цев (м)	[tsev]
calibre (m)	калибър (м)	[kalíbər]
gatilho (m)	спусък (м)	[spúsək]
mira (f)	мерник (м)	[mérnik]
carregador (m)	магазин (м)	[magazín]
coronha (f)	приклад (м)	[priklát]
granada (f) de mão	граната (ж)	[granáta]
explosivo (m)	експлозив (с)	[eksplozíf]
bala (f)	куршум (м)	[kurʃúm]
cartucho (m)	патрон (м)	[patrón]
carga (f)	заряд (м)	[zarʲát]
munições (f pl)	боеприпаси (мн)	[boeprípasi]
bombardeiro (m)	бомбардировач (м)	[bombardirovátʃ]
avião (m) de caça	изтребител (м)	[istrebítel]
helicóptero (m)	хеликоптер (м)	[helikópter]
canhão (m) antiaéreo	зенитно оръдие (с)	[zenítno orédie]
tanque (m)	танк (м)	[tank]
canhão (de um tanque)	оръдие (с)	[orédie]
artilharia (f)	артилерия (ж)	[artilérija]
fazer a pontaria	насоча	[nasótʃa]
obus (m)	снаряд (м)	[snarʲát]
granada (f) de morteiro	мина (ж)	[mína]
morteiro (m)	миномет (м)	[minomét]
estilhaço (m)	парче (с)	[partʃé]
submarino (m)	подводница (ж)	[podvódnitsa]
torpedo (m)	торпедо (с)	[torpédo]
míssil (m)	ракета (ж)	[rakéta]
carregar (uma arma)	зареждам	[zaréʒdam]
atirar, disparar (vi)	стрелям	[strélʲam]
apontar para ...	целя се в ...	[tsélʲa se v]
baioneta (f)	щик (м)	[ʃtik]
espada (f)	шпага (ж)	[ʃpága]
sabre (m)	сабя (ж)	[sábʲa]
lança (f)	копие (с)	[kópie]
arco (m)	лък (м)	[lək]
flecha (f)	стрела (ж)	[strelá]
mosquete (m)	мускет (м)	[muskét]
besta (f)	арбалет (м)	[arbalét]

115. Povos da antiguidade

primitivo	първобитен	[pərvobíten]
pré-histórico	доисторически	[doistorítʃeski]
antigo	древен	[dréven]
Idade (f) da Pedra	Каменен век (м)	[kámenen vek]
Idade (f) do Bronze	бронзова епоха (ж)	[brónzova epóha]
período (m) glacial	ледникова епоха (ж)	[lédnikova epóha]
tribo (f)	племе (с)	[pléme]
canibal (m)	човекоядец (м)	[tʃovekojádets]
caçador (m)	ловец (м)	[lovéts]
caçar (vi)	ловувам	[lovúvam]
mamute (m)	мамут (м)	[mamút]
caverna (f)	пещера (ж)	[peʃterá]
fogo (m)	огън (м)	[ógən]
fogueira (f)	клада (ж)	[kláda]
pintura (f) rupestre	скална рисунка (ж)	[skálna risúnka]
ferramenta (f)	оръдие (с) на труда	[orédie na trudá]
lança (f)	копие (с)	[kópie]
machado (m) de pedra	каменна брадва (ж)	[kámenna brádva]
guerrear (vt)	воювам	[vojúvam]
domesticar (vt)	опитомявам	[opitomʲávam]
ídolo (m)	идол (м)	[ídol]
adorar, venerar (vt)	покланям се	[poklánʲam se]
superstição (f)	суеверие (с)	[suevérie]
evolução (f)	еволюция (ж)	[evolʲútsija]
desenvolvimento (m)	развитие (с)	[razvítie]
desaparecimento (m)	изчезване (с)	[iztʃézvane]
adaptar-se (vr)	приспособявам се	[prisposobʲávam se]
arqueologia (f)	археология (ж)	[arheológija]
arqueólogo (m)	археолог (м)	[arheolók]
arqueológico	археологически	[arheologítʃeski]
local (m) das escavações	разкопки (мн)	[raskópki]
escavações (f pl)	разкопки (мн)	[raskópki]
achado (m)	находка (ж)	[nahótka]
fragmento (m)	фрагмент (м)	[fragmént]

116. Idade média

povo (m)	народ (м)	[narót]
povos (m pl)	народи (м мн)	[naródi]
tribo (f)	племе (с)	[pléme]
tribos (f pl)	племена (с мн)	[plemená]
bárbaros (m pl)	варвари (м мн)	[várvari]
gauleses (m pl)	гали (м мн)	[gáli]

godos (m pl)	готи (м мн)	[góti]
eslavos (m pl)	славяни (м мн)	[slavʲáni]
víquingues (m pl)	викинги (м мн)	[víkingi]
romanos (m pl)	римляни (м мн)	[rímlʲani]
romano	римски	[rímski]
bizantinos (m pl)	византийци (м мн)	[vizantíjtsi]
Bizâncio	Византия (ж)	[vizántija]
bizantino	византийски	[vizantíjski]
imperador (m)	император (м)	[imperátor]
líder (m)	вожд (м)	[voʒt]
poderoso	могъщ	[mogéʃt]
rei (m)	крал (м)	[kral]
governante (m)	владетел (м)	[vladétel]
cavaleiro (m)	рицар (м)	[rítsar]
senhor feudal (m)	феодал (м)	[feodál]
feudal	феодален	[feodálen]
vassalo (m)	васал (м)	[vasál]
duque (m)	херцог (м)	[hertsók]
conde (m)	граф (м)	[graf]
barão (m)	барон (м)	[barón]
bispo (m)	епископ (м)	[episkóp]
armadura (f)	доспехи (мн)	[dospéhi]
escudo (m)	щит (м)	[ʃtit]
espada (f)	меч (м)	[metʃ]
viseira (f)	забрало (с)	[zabrálo]
cota (f) de malha	ризница (ж)	[ríznitsa]
cruzada (f)	кръстоносен поход (м)	[krəstonósen póhot]
cruzado (m)	кръстоносец (м)	[krəstonósets]
território (m)	територия (ж)	[teritórija]
atacar (vt)	нападам	[napádam]
conquistar (vt)	завоювам	[zavojúvam]
ocupar, invadir (vt)	завзема	[zavzéma]
assédio, sítio (m)	обсада (ж)	[obsáda]
sitiado	обсаден	[opsadén]
assediar, sitiar (vt)	обсаждам	[opsáʒdam]
inquisição (f)	инквизиция (ж)	[inkvizítsija]
inquisidor (m)	инквизитор (м)	[inkvizítor]
tortura (f)	измъчване (с)	[izmétʃvane]
cruel	жесток	[ʒestók]
herege (m)	еретик (м)	[eretík]
heresia (f)	ерес (ж)	[éres]
navegação (f) marítima	мореплаване (с)	[moreplávane]
pirata (m)	пират (м)	[pirát]
pirataria (f)	пиратство (с)	[pirátstvo]
abordagem (f)	абордаж (м)	[abordáʒ]

saque (m), pulhagem (f)	плячка (ж)	[plʲátʃka]
tesouros (m pl)	съкровища (с мн)	[səkróviʃta]

descobrimento (m)	откритие (с)	[otkrítie]
descobrir (novas terras)	откривам	[otkrívam]
expedição (f)	експедиция (ж)	[ekspedítsija]

mosqueteiro (m)	мускетар (м)	[musketár]
cardeal (m)	кардинал (м)	[kardinál]
heráldica (f)	хералдика (ж)	[heráldika]
heráldico	хералдически	[heraldítʃeski]

117. Líder. Chefe. Autoridades

rei (m)	крал (м)	[kral]
rainha (f)	кралица (ж)	[kralítsa]
real	кралски	[králski]
reino (m)	кралство (с)	[králstvo]

príncipe (m)	принц (м)	[prints]
princesa (f)	принцеса (ж)	[printsésa]

presidente (m)	президент (м)	[prezidént]
vice-presidente (m)	вицепрезидент (м)	[vítse·prezidént]
senador (m)	сенатор (м)	[senátor]

monarca (m)	монарх (м)	[monárh]
governante (m)	владетел (м)	[vladétel]
ditador (m)	диктатор (м)	[diktátor]
tirano (m)	тиранин (м)	[tiránin]
magnata (m)	магнат (м)	[magnát]

diretor (m)	директор (м)	[diréktor]
chefe (m)	шеф (м)	[ʃef]
dirigente (m)	управител (м)	[uprávitel]

patrão (m)	бос (м)	[bos]
dono (m)	собственик (м)	[sóbstvenik]

chefe (~ de delegação)	глава (ж)	[glavá]
autoridades (f pl)	власти (ж мн)	[vlásti]
superiores (m pl)	началство (с)	[natʃálstvo]

governador (m)	губернатор (м)	[gubernátor]
cônsul (m)	консул (м)	[kónsul]
diplomata (m)	дипломат (м)	[diplomát]

prefeito (m)	кмет (м)	[kmet]
xerife (m)	шериф (м)	[ʃeríf]

imperador (m)	император (м)	[imperátor]
czar (m)	цар (м)	[tsar]
faraó (m)	фараон (м)	[faraón]
cã (m)	хан (м)	[han]

118. Viloação da lei. Criminosos. Parte 1

bandido (m)	бандит (м)	[bandít]
crime (m)	престъпление (с)	[prestəplénie]
criminoso (m)	престъпник (м)	[prestépnik]
ladrão (m)	крадец (м)	[kradéts]
roubar (vt)	крада	[kradá]
furto, roubo (m)	кражба (ж)	[kráʒba]
raptar (ex. ~ uma criança)	отвлека	[otvleká]
rapto (m)	отвличане (с)	[otvlítʃane]
raptor (m)	похитител (м)	[pohitítel]
resgate (m)	откуп (м)	[ótkup]
pedir resgate	искам откуп	[ískam ótkup]
roubar (vt)	грабя	[grábʲa]
assaltante (m)	грабител (м)	[grabítel]
extorquir (vt)	изнудвам	[iznúdvam]
extorsionário (m)	изнудвач (м)	[iznudvátʃ]
extorsão (f)	изнудване (с)	[iznúdvane]
matar, assassinar (vt)	убия	[ubíja]
homicídio (m)	убийство (с)	[ubíjstvo]
homicida, assassino (m)	убиец (м)	[ubíets]
tiro (m)	изстрел (м)	[ísstrel]
dar um tiro	изстрелям	[isstrélʲam]
matar a tiro	застрелям	[zastrélʲam]
atirar, disparar (vi)	стрелям	[strélʲam]
tiroteio (m)	стрелба (ж)	[strelbá]
acontecimento (m)	произшествие (с)	[proisʃéstvie]
porrada (f)	сбиване (с)	[zbívane]
Socorro!	Помогнете!	[pomognéte]
vítima (f)	жертва (ж)	[ʒértva]
danificar (vt)	повредя	[povredʲá]
dano (m)	щета (ж)	[ʃtetá]
cadáver (m)	труп (м)	[trup]
grave	тежък	[téʒək]
atacar (vt)	нападна	[napádna]
bater (espancar)	бия	[bíja]
espancar (vt)	набия	[nabíja]
tirar, roubar (dinheiro)	отнема	[otnéma]
esfaquear (vt)	заколя	[zakólʲa]
mutilar (vt)	осакатя	[osakatʲá]
ferir (vt)	раня	[ranʲá]
chantagem (f)	шантаж (м)	[ʃantáʒ]
chantagear (vt)	шантажирам	[ʃantaʒíram]
chantagista (m)	шантажист (м)	[ʃantaʒíst]

extorsão (em troca de proteção)	рекет (м)	[réket]
extorsionário (m)	рекетьор (м)	[reketʲór]
gângster (m)	гангстер (м)	[gángster]
máfia (f)	мафия (ж)	[máfija]
carteirista (m)	джебчия (м)	[dʒebtʃíja]
assaltante, ladrão (m)	разбивач (м) на врати	[razbiváč na vratí]
contrabando (m)	контрабанда (ж)	[kontrabánda]
contrabandista (m)	контрабандист (м)	[kontrabandíst]
falsificação (f)	фалшификат (м)	[falʃifikát]
falsificar (vt)	фалшифицирам	[falʃifitsíram]
falsificado	фалшив	[falʃív]

119. Viloação da lei. Criminosos. Parte 2

violação (f)	изнасилване (с)	[iznasílvane]
violar (vt)	изнасиля	[iznasílʲa]
violador (m)	насилник (м)	[nasílnik]
maníaco (m)	маниак (м)	[maniák]
prostituta (f)	проститутка (ж)	[prostitútka]
prostituição (f)	проституция (ж)	[prostitútsija]
chulo (m)	сутеньор (м)	[sutenʲór]
toxicodependente (m)	наркоман (м)	[narkomán]
traficante (m)	наркотрафикант (м)	[narkotrafikánt]
explodir (vt)	взривя	[vzrivʲá]
explosão (f)	експлозия (ж)	[eksplózija]
incendiar (vt)	подпаля	[podpálʲa]
incendiário (m)	подпалвач (м)	[podpalváč]
terrorismo (m)	тероризъм (м)	[terorízəm]
terrorista (m)	терорист (м)	[teroríst]
refém (m)	заложник (м)	[talóʒnik]
enganar (vt)	измамя	[izmámʲa]
engano (m)	измама (ж)	[izmáma]
vigarista (m)	мошеник (м)	[moʃénik]
subornar (vt)	подкупя	[podkúpʲa]
suborno (atividade)	подкуп (м)	[pótkup]
suborno (dinheiro)	рушвет (м)	[ruʃvét]
veneno (m)	отрова (ж)	[otróva]
envenenar (vt)	отровя	[otróvʲa]
envenenar-se (vr)	отровя се	[otróvʲa se]
suicídio (m)	самоубийство (с)	[samoubíjstvo]
suicida (m)	самоубиец (м)	[samoubíets]
ameaçar (vt)	заплашвам	[zapláʃvam]
ameaça (f)	заплаха (ж)	[zapláha]

atentar contra a vida de ...	покушавам се	[pokuʃávam se]
atentado (m)	покушение (c)	[pokuʃénie]
roubar (o carro)	открадна	[otkrádna]
desviar (o avião)	отвлека	[otvleká]
vingança (f)	отмъщение (c)	[otməʃténie]
vingar (vt)	отмъщавам	[otməʃtávam]
torturar (vt)	изтезавам	[istezávam]
tortura (f)	измъчване (c)	[izmétʃvane]
atormentar (vt)	измъчвам	[izmétʃvam]
pirata (m)	пират (м)	[pirát]
desordeiro (m)	хулиган (м)	[huligán]
armado	въоръжен	[vəorəʒén]
violência (f)	насилие (c)	[nasílie]
ilegal	незаконен	[nezakónen]
espionagem (f)	шпионаж (м)	[ʃpionáʒ]
espionar (vi)	шпионирам	[ʃpioníram]

120. Polícia. Lei. Parte 1

justiça (f)	правосъдие (c)	[pravosédie]
tribunal (m)	съд (м)	[sət]
juiz (m)	съдия (м)	[sədijá]
jurados (m pl)	съдебни заседатели (м мн)	[sədébni zasedáteli]
tribunal (m) do júri	съд (м) със съдебни заседатели	[sət səs sədébni zasedáteli]
julgar (vt)	съдя	[sédʲa]
advogado (m)	адвокат (м)	[advokát]
réu (m)	подсъдим (м)	[potsədím]
banco (m) dos réus	подсъдима скамейка (ж)	[potsədíma skaméjka]
acusação (f)	обвинение (c)	[obvinénie]
acusado (m)	обвиняем (м)	[obvinʲáem]
sentença (f)	присъда (ж)	[priséda]
sentenciar (vt)	осъдя	[osédʲa]
culpado (m)	виновник (м)	[vinóvnik]
punir (vt)	накажа	[nakáʒa]
punição (f)	наказание (c)	[nakazánie]
multa (f)	глоба (ж)	[glóba]
prisão (f) perpétua	доживотен затвор (м)	[doʒivóten zatvór]
pena (f) de morte	смъртно наказание (c)	[smértno nakazánie]
cadeira (f) elétrica	електрически стол (м)	[elektrítʃeski stol]
forca (f)	бесилка (ж)	[besílka]
executar (vt)	екзекутирам	[ekzekutíram]
execução (f)	екзекуция (ж)	[ekzekútsija]

prisão (f)	затвор (м)	[zatvór]
cela (f) de prisão	килия (ж)	[kilíja]
escolta (f)	караул (м)	[karaúl]
guarda (m) prisional	надзирател (м)	[nadzirátel]
preso (m)	затворник (м)	[zatvórnik]
algemas (f pl)	белезници (мн)	[beleznítsi]
algemar (vt)	сложа белезници	[slóʒa beleznítsi]
fuga, evasão (f)	бягство (с)	[bʲákstvo]
fugir (vi)	избягам	[izbʲágam]
desaparecer (vi)	изчезна	[iztʃézna]
soltar, libertar (vt)	освободя	[osvobodʲá]
amnistia (f)	амнистия (ж)	[amnístija]
polícia (instituição)	полиция (ж)	[polítsija]
polícia (m)	полицай (м)	[politsáj]
esquadra (f) de polícia	полицейско управление (с)	[politséjsko upravlénie]
cassetete (m)	палка (ж)	[pálka]
megafone (m)	рупор (м)	[rúpor]
carro (m) de patrulha	патрулка (ж)	[patrúlka]
sirene (f)	сирена (ж)	[siréna]
ligar a sirene	включа сирена	[fklʲútʃa siréna]
toque (m) da sirene	звук (м) на сирена	[zvuk na siréna]
cena (f) do crime	място (с) на произшествието	[mʲásto na proisʃéstvieto]
testemunha (f)	свидетел (м)	[svidétel]
liberdade (f)	свобода (ж)	[svobodá]
cúmplice (m)	съучастник (м)	[səutʃásnik]
escapar (vi)	скрия се	[skríja sé]
traço (não deixar ~s)	следа (ж)	[sledá]

121. Polícia. Lei. Parte 2

procura (f)	издирване (с)	[izdírvane]
procurar (vt)	издирвам	[izdírvam]
suspeita (f)	подозрение (с)	[podozrénie]
suspeito	подозрителен	[podozrítelen]
parar (vt)	спра	[spra]
deter (vt)	задържа	[zadərʒá]
caso (criminal)	дело (с)	[délo]
investigação (f)	следствие (с)	[slétstvie]
detetive (m)	детектив (м)	[detektíf]
investigador (m)	следовател (м)	[sledovátel]
versão (f)	версия (ж)	[vérsija]
motivo (m)	мотив (м)	[motív]
interrogatório (m)	разпит (м)	[ráspit]
interrogar (vt)	разпитвам	[raspítvam]

| questionar (vt) | разпитвам | [raspítvam] |
| verificação (f) | проверка (ж) | [provérka] |

rusga (f)	хайка (ж)	[hájka]
busca (f)	обиск (м)	[óbisk]
perseguição (f)	преследване (с)	[preslédvane]
perseguir (vt)	преследвам	[preslédvam]
seguir (vt)	следя	[sledʲá]

prisão (f)	арест (м)	[árest]
prender (vt)	арестувам	[arestúvam]
pegar, capturar (vt)	заловя	[zalovʲá]
captura (f)	залавяне (с)	[zalávʲane]

documento (m)	документ (м)	[dokumént]
prova (f)	доказателство (с)	[dokazátelstvo]
provar (vt)	доказвам	[dokázvam]
pegada (f)	следа (ж)	[sledá]
impressões (f pl) digitais	отпечатъци (м мн) на пръстите	[otpetʃátətsi na préstite]
prova (f)	улика (ж)	[úlika]

álibi (m)	алиби (с)	[alíbi]
inocente	невиновен	[nevinóven]
injustiça (f)	несправедливост (ж)	[nespravedlívost]
injusto	несправедлив	[nespravedlív]

criminal	криминален	[kriminálen]
confiscar (vt)	конфискувам	[konfiskúvam]
droga (f)	наркотик (м)	[narkotík]
arma (f)	оръжие (с)	[oréʒie]
desarmar (vt)	обезоръжа	[obezorəʒá]
ordenar (vt)	заповядвам	[zapovʲádvam]
desaparecer (vi)	изчезна	[iztʃézna]

lei (f)	закон (м)	[zakón]
legal	законен	[zakónen]
ilegal	незаконен	[nezakónen]

| responsabilidade (f) | отговорност (ж) | [otgovórnost] |
| responsável | отговорен | [otgovóren] |

NATUREZA

A Terra. Parte 1

122. Espaço sideral

cosmos (m)	космос (м)	[kósmos]
cósmico	космически	[kosmítʃeski]
espaço (m) cósmico	космическо пространство (с)	[kosmítʃesko prostránstvo]
mundo (m)	свят (м)	[svʲat]
universo (m)	вселена (ж)	[fseléna]
galáxia (f)	галактика (ж)	[galáktika]
estrela (f)	звезда (ж)	[zvezdá]
constelação (f)	съзвездие (с)	[səzvézdie]
planeta (m)	планета (ж)	[planéta]
satélite (m)	спътник (м)	[spétnik]
meteorito (m)	метеорит (м)	[meteorít]
cometa (m)	комета (ж)	[kométa]
asteroide (m)	астероид (м)	[asteroít]
órbita (f)	орбита (ж)	[órbita]
girar (vi)	въртя се	[vertʲá se]
atmosfera (f)	атмосфера (ж)	[atmosféra]
Sol (m)	Слънце	[sléntse]
Sistema (m) Solar	Слънчева система (ж)	[sléntʃeva sistéma]
eclipse (m) solar	слънчево затъмнение (с)	[sléntʃevo zatəmnénie]
Terra (f)	Земя	[zemʲá]
Lua (f)	Луна	[luná]
Marte (m)	Марс	[mars]
Vénus (m)	Венера	[venéra]
Júpiter (m)	Юпитер	[júpiter]
Saturno (m)	Сатурн	[satúrn]
Mercúrio (m)	Меркурий	[merkúrij]
Urano (m)	Уран	[urán]
Neptuno (m)	Нептун	[neptún]
Plutão (m)	Плутон	[plutón]
Via Láctea (f)	Млечен Път	[mlétʃen pət]
Ursa Maior (f)	Голяма Мечка	[golʲáma métʃka]
Estrela Polar (f)	Полярна Звезда	[polʲárna zvezdá]
marciano (m)	марсианец (м)	[marsiánets]

extraterrestre (m)	извънземен (м)	[izvənzémen]
alienígena (m)	пришелец (м)	[priʃeléts]
disco (m) voador	летяща чиния (ж)	[letʲáʃta tʃiníja]

nave (f) espacial	космически кораб (м)	[kosmítʃeski kórap]
estação (f) orbital	орбитална станция (ж)	[orbitálna stántsija]
lançamento (m)	старт (м)	[start]

motor (m)	двигател (м)	[dvigátel]
bocal (m)	дюза (ж)	[dʲúza]
combustível (m)	гориво (с)	[gorívo]

cabine (f)	кабина (ж)	[kabína]
antena (f)	антена (ж)	[anténa]
vigia (f)	илюминатор (м)	[ilʲuminátor]
bateria (f) solar	слънчева батерия (ж)	[sléntʃeva batérija]
traje (m) espacial	скафандър (м)	[skafándər]

imponderabilidade (f)	безтегловност (ж)	[besteglóvnost]
oxigénio (m)	кислород (м)	[kislorót]

acoplagem (f)	свързване (с)	[svérzvane]
fazer uma acoplagem	свързвам се	[svérzvam se]

observatório (m)	обсерватория (ж)	[opservatórija]
telescópio (m)	телескоп (м)	[teleskóp]
observar (vt)	наблюдавам	[nablʲudávam]
explorar (vt)	изследвам	[isslédvam]

123. A Terra

Terra (f)	Земя (ж)	[zemʲá]
globo terrestre (Terra)	земно кълбо (с)	[zémno kəlbó]
planeta (m)	планета (ж)	[planéta]

atmosfera (f)	атмосфера (ж)	[atmosféra]
geografia (f)	география (ж)	[geográfija]
natureza (f)	природа (ж)	[priróda]

globo (mapa esférico)	глобус (м)	[glóbus]
mapa (m)	карта (ж)	[kárta]
atlas (m)	атлас (м)	[atlás]

Europa (f)	Европа	[evrópa]
Ásia (f)	Азия	[ázija]
África (f)	Африка	[áfrika]
Austrália (f)	Австралия	[afstrálija]

América (f)	Америка	[amérika]
América (f) do Norte	Северна Америка	[séverna amérika]
América (f) do Sul	Южна Америка	[júʒna amérika]

Antártida (f)	Антарктида	[antarktída]
Ártico (m)	Арктика	[árktika]

124. Pontos cardeais

norte (m)	север (м)	[séver]
para norte	на север	[na séver]
no norte	на север	[na séver]
do norte	северен	[séveren]
sul (m)	юг (м)	[juk]
para sul	на юг	[na juk]
no sul	на юг	[na juk]
do sul	южен	[júʒen]
oeste, ocidente (m)	запад (м)	[zápat]
para oeste	на запад	[na zápat]
no oeste	на запад	[na zápat]
ocidental	западен	[západen]
leste, oriente (m)	изток (м)	[ístok]
para leste	на изток	[na ístok]
no leste	на изток	[na ístok]
oriental	източен	[ístotʃen]

125. Mar. Oceano

mar (m)	море (с)	[moré]
oceano (m)	океан (м)	[okeán]
golfo (m)	залив (м)	[zálif]
estreito (m)	пролив (м)	[próliv]
continente (m)	материк (м)	[materík]
ilha (f)	остров (м)	[óstrov]
península (f)	полуостров (м)	[poluóstrov]
arquipélago (m)	архипелаг (м)	[arhipelák]
baía (f)	залив (м)	[zálif]
porto (m)	залив (м)	[zálif]
lagoa (f)	лагуна (ж)	[lagúna]
cabo (m)	нос (м)	[nos]
atol (m)	атол (м)	[atól]
recife (m)	риф (м)	[rif]
coral (m)	корал (м)	[korál]
recife (m) de coral	коралов риф (м)	[korálov rif]
profundo	дълбок	[dəlbók]
profundidade (f)	дълбочина (ж)	[dəlbotʃiná]
abismo (m)	бездна (ж)	[bézna]
fossa (f) oceânica	падина (ж)	[padiná]
corrente (f)	течение (с)	[tetʃénie]
banhar (vt)	мия	[míja]
litoral (m)	бряг (м)	[brʲak]
costa (f)	крайбрежие (с)	[krajbréʒie]

maré (f) alta	прилив (м)	[príliv]
maré (f) baixa	отлив (м)	[ótliv]
restinga (f)	плитчина (ж)	[plittʃiná]
fundo (m)	дъно (с)	[dəno]
onda (f)	вълна (ж)	[vəlná]
crista (f) da onda	гребен (м) на вълна	[grében na vəlná]
espuma (f)	пяна (ж)	[pʲána]
tempestade (f)	буря (ж)	[búrʲa]
furacão (m)	ураган (м)	[uragán]
tsunami (m)	цунами (с)	[tsunámi]
calmaria (f)	безветрие (с)	[bezvétrie]
calmo	спокоен	[spokóen]
polo (m)	полюс (м)	[pólʲus]
polar	полярен	[polʲáren]
latitude (f)	ширина (ж)	[ʃiriná]
longitude (f)	дължина (ж)	[dəʒiná]
paralela (f)	паралел (ж)	[paralél]
equador (m)	екватор (м)	[ekvátor]
céu (m)	небе (с)	[nebé]
horizonte (m)	хоризонт (м)	[horizónt]
ar (m)	въздух (м)	[vázduh]
farol (m)	фар (м)	[far]
mergulhar (vi)	гмуркам се	[gmúrkam se]
afundar-se (vr)	потъна	[poténa]
tesouros (m pl)	съкровища (с мн)	[səkróviʃta]

126. Nomes de Mares e Oceanos

Oceano (m) Atlântico	Атлантически океан	[atlantítʃeski okeán]
Oceano (m) Índico	Индийски океан	[indíjski okeán]
Oceano (m) Pacífico	Тихи океан	[tíhi okeán]
Oceano (m) Ártico	Северен Ледовит океан	[séveren ledovít okeán]
Mar (m) Negro	Черно море	[tʃérno moré]
Mar (m) Vermelho	Червено море	[tʃervéno moré]
Mar (m) Amarelo	Жълто море	[ʒélto moré]
Mar (m) Branco	Бяло море	[bʲálo moré]
Mar (m) Cáspio	Каспийско море	[káspijsko moré]
Mar (m) Morto	Мъртво море	[mértvo moré]
Mar (m) Mediterrâneo	Средиземно море	[sredizémno moré]
Mar (m) Egeu	Егейско море	[egéjsko moré]
Mar (m) Adriático	Адриатическо море	[adriatítʃesko moré]
Mar (m) Arábico	Арабско море	[arápsko moré]
Mar (m) do Japão	Японско море	[japónsko moré]
Mar (m) de Bering	Берингово море	[berínɡovo moré]

Mar (m) da China Meridional	Южнокитайско море	[juʒnokitájsko moré]
Mar (m) de Coral	Коралово море	[korálovo moré]
Mar (m) de Tasman	Тасманово море	[tasmánovo moré]
Mar (m) do Caribe	Карибско море	[karíbsko moré]
Mar (m) de Barents	Баренцово море	[baréntsovo moré]
Mar (m) de Kara	Карско море	[kársko moré]
Mar (m) do Norte	Северно море	[séverno moré]
Mar (m) Báltico	Балтийско море	[baltíjsko moré]
Mar (m) da Noruega	Норвежко море	[norvéʃko moré]

127. Montanhas

montanha (f)	планина (ж)	[planiná]
cordilheira (f)	планинска верига (ж)	[planínska veríga]
serra (f)	планински хребет (м)	[planínski hrebét]
cume (m)	връх (м)	[vrəh]
pico (m)	пик (м)	[pik]
sopé (m)	подножие (с)	[podnóʒie]
declive (m)	склон (м)	[sklon]
vulcão (m)	вулкан (м)	[vulkán]
vulcão (m) ativo	действащ вулкан (м)	[déjstvaʃt vulkán]
vulcão (m) extinto	изгаснал вулкан (м)	[izgásnal vulkán]
erupção (f)	изригване (с)	[izrígvane]
cratera (f)	кратер (м)	[kráter]
magma (m)	магма (ж)	[mágma]
lava (f)	лава (ж)	[láva]
fundido (lava ~a)	нажежен	[naʒeʒén]
desfiladeiro (m)	каньон (м)	[kanjón]
garganta (f)	дефиле (с)	[defilé]
fenda (f)	тясна клисура (ж)	[tʲásna klisúra]
precipício (m)	пропаст (ж)	[própast]
passo, colo (m)	превал (м)	[prevál]
planalto (m)	плато (с)	[pláto]
falésia (f)	скала (ж)	[skalá]
colina (f)	хълм (м)	[həlm]
glaciar (m)	ледник (м)	[lédnik]
queda (f) d'água	водопад (м)	[vodopát]
géiser (m)	гейзер (м)	[géjzer]
lago (m)	езеро (с)	[ézero]
planície (f)	равнина (ж)	[ravniná]
paisagem (f)	пейзаж (м)	[pejzáʒ]
eco (m)	ехо (с)	[ého]
alpinista (m)	алпинист (м)	[alpiníst]
escalador (m)	катерач (м)	[katerátʃ]

| conquistar (vt) | покорявам | [pokorʲávam] |
| subida, escalada (f) | възкачване (c) | [vəskátʃvane] |

128. Nomes de montanhas

Alpes (m pl)	Алпи	[álpi]
monte Branco (m)	Мон Блан	[mon blan]
Pirineus (m pl)	Пиринеи	[pirinéi]

Cárpatos (m pl)	Карпати	[karpáti]
montes (m pl) Urais	Урал	[urál]
Cáucaso (m)	Кавказ	[kafkáz]
Elbrus (m)	Елбрус	[elbrús]

Altai (m)	Алтай	[altáj]
Tian Shan (m)	Тяншан	[tʲanʃan]
Pamir (m)	Памир	[pamír]
Himalaias (m pl)	Хималаи	[himalái]
monte (m) Everest	Еверест	[everést]

| Cordilheira (f) dos Andes | Анди | [ándi] |
| Kilimanjaro (m) | Килиманджаро | [kilimandʒáro] |

129. Rios

rio (m)	река (ж)	[reká]
fonte, nascente (f)	извор (м)	[ízvor]
leito (m) do rio	корито (c)	[koríto]
bacia (f)	басейн (м)	[baséjn]
desaguar no ...	вливам се	[vlívam se]

| afluente (m) | приток (м) | [prítok] |
| margem (do rio) | бряг (м) | [brʲak] |

corrente (f)	течение (c)	[tetʃénie]
rio abaixo	надолу по течението	[nadólu po tetʃénieto]
rio acima	нагоре по течението	[nagóre po tetʃénieto]

inundação (f)	наводнение (c)	[navodnénie]
cheia (f)	пролетно пълноводие (c)	[prolétno pəlnovódie]
transbordar (vi)	разливам се	[razlívam se]
inundar (vt)	потопявам	[potopʲávam]

| baixio (m) | плитчина (ж) | [plittʃiná] |
| rápidos (m pl) | праг (м) | [prak] |

barragem (f)	яз (м)	[jaz]
canal (m)	канал (м)	[kanál]
reservatório (m) de água	водохранилище (c)	[vodohraniliʃte]
eclusa (f)	шлюз (м)	[ʃlʲuz]
corpo (m) de água	водоем (м)	[vodoém]
pântano (m)	блато (c)	[bláto]

tremedal (m)	тресавище (с)	[tresáviʃte]
remoinho (m)	водовъртеж (м)	[vodovərtéʒ]
arroio, regato (m)	ручей (м)	[rútʃej]
potável	питеен	[pitéen]
doce (água)	сладководен	[slatkovóden]
gelo (m)	лед (м)	[let]
congelar-se (vr)	замръзна	[zamrézna]

130. Nomes de rios

rio Sena (m)	Сена	[séna]
rio Loire (m)	Лоара	[loára]
rio Tamisa (m)	Темза	[témza]
rio Reno (m)	Рейн	[rejn]
rio Danúbio (m)	Дунав	[dúnav]
rio Volga (m)	Волга	[vólga]
rio Don (m)	Дон	[don]
rio Lena (m)	Лена	[léna]
rio Amarelo (m)	Хуанхъ	[huanhé]
rio Yangtzé (m)	Яндзъ	[jandzé]
rio Mekong (m)	Меконг	[mekónk]
rio Ganges (m)	Ганг	[gang]
rio Nilo (m)	Нил	[nil]
rio Congo (m)	Конго	[kóngo]
rio Cubango (m)	Окаванго	[okavángo]
rio Zambeze (m)	Замбези	[zambézi]
rio Limpopo (m)	Лимпопо	[limpopó]
rio Mississípi (m)	Мисисипи	[misisípi]

131. Floresta

floresta (f), bosque (m)	гора (ж)	[gorá]
florestal	горски	[górski]
mata (f) cerrada	гъсталак (м)	[gəstalák]
arvoredo (m)	горичка (ж)	[gorítʃka]
clareira (f)	поляна (ж)	[polʲána]
matagal (f)	гъсталак (м)	[gəstalák]
mato (m)	храсталак (м)	[hrastalák]
vereda (f)	пътечка (ж)	[pətétʃka]
ravina (f)	овраг (м)	[ovrák]
árvore (f)	дърво (с)	[dərvó]
folha (f)	лист (м)	[list]

folhagem (f)	шума (ж)	[ʃúma]
queda (f) das folha	листопад (м)	[listopát]
cair (vi)	опадвам	[opádvam]
topo (m)	връх (м)	[vrəh]
ramo (m)	клонка (м)	[klónka]
galho (m)	дебел клон (м)	[debél klon]
botão, rebento (m)	пъпка (ж)	[pəpka]
agulha (f)	игла (ж)	[iglá]
pinha (f)	шишарка (ж)	[ʃiʃárka]
buraco (m) de árvore	хралупа (ж)	[hralúpa]
ninho (m)	гнездо (с)	[gnezdó]
toca (f)	дупка (ж)	[dúpka]
tronco (m)	стъбло (с)	[stəbló]
raiz (f)	корен (м)	[kóren]
casca (f) de árvore	кора (ж)	[korá]
musgo (m)	мъх (м)	[məh]
arrancar pela raiz	изкоренявам	[izkorenʲávam]
cortar (vt)	сека	[seká]
desflorestar (vt)	изсичам	[issítʃam]
toco, cepo (m)	пън (м)	[pən]
fogueira (f)	клада (ж)	[kláda]
incêndio (m) florestal	пожар (м)	[poʒár]
apagar (vt)	загасявам	[zagasʲávam]
guarda-florestal (m)	горски пазач (м)	[górski pazátʃ]
proteção (f)	опазване (с)	[opázvane]
proteger (a natureza)	опазвам	[opázvam]
caçador (m) furtivo	бракониер (м)	[brakoniér]
armadilha (f)	капан (м)	[kapán]
colher (cogumelos, bagas)	събирам	[səbíram]
perder-se (vr)	загубя се	[zagúbʲa se]

132. Recursos naturais

recursos (m pl) naturais	природни ресурси (м мн)	[priródni resúrsi]
minerais (m pl)	полезни изкопаеми (с мн)	[polézni iskopáemi]
depósitos (m pl)	залежи (мн)	[zaléʒi]
jazida (f)	находище (с)	[nahódiʃte]
extrair (vt)	добивам	[dobívam]
extração (f)	добиване (с)	[dobívane]
minério (m)	руда (ж)	[rudá]
mina (f)	рудник (м)	[rúdnik]
poço (m) de mina	шахта (ж)	[ʃáhta]
mineiro (m)	миньор (м)	[minʲór]
gás (m)	газ (м)	[gas]
gasoduto (m)	газопровод (м)	[gazoprovót]

petróleo (m)	нефт (м)	[neft]
oleoduto (m)	нефтопровод (м)	[neftoprovót]
poço (m) de petróleo	нефтена кула (ж)	[néftena kúla]
torre (f) petrolífera	сондажна кула (ж)	[sondáʒna kúla]
petroleiro (m)	танкер (м)	[tánker]
areia (f)	пясък (м)	[pʲásək]
calcário (m)	варовик (м)	[varóvik]
cascalho (m)	дребен чакъл (м)	[drében tʃakél]
turfa (f)	торф (м)	[torf]
argila (f)	глина (ж)	[glína]
carvão (m)	въглища (мн)	[végliʃta]
ferro (m)	желязо (с)	[ʒelʲázo]
ouro (m)	злато (с)	[zláto]
prata (f)	сребро (с)	[srebró]
níquel (m)	никел (м)	[níkel]
cobre (m)	мед (ж)	[met]
zinco (m)	цинк (м)	[tsink]
manganês (m)	манган (м)	[mangán]
mercúrio (m)	живак (м)	[ʒivák]
chumbo (m)	олово (с)	[olóvo]
mineral (m)	минерал (м)	[minerál]
cristal (m)	кристал (м)	[kristál]
mármore (m)	мрамор (м)	[mrámor]
urânio (m)	уран (м)	[urán]

A Terra. Parte 2

133. Tempo

tempo (m)	време (с)	[vréme]
previsão (f) do tempo	прогноза (ж) за времето	[prognóza za vrémeto]
temperatura (f)	температура (ж)	[temperatúra]
termómetro (m)	термометър (м)	[termométər]
barómetro (m)	барометър (м)	[barométər]
húmido	влажен	[vláʒen]
humidade (f)	влажност (ж)	[vláʒnost]
calor (m)	пек (м)	[pek]
cálido	горещ	[goréʃt]
está muito calor	горещо	[goréʃto]
está calor	топло	[tóplo]
quente	топъл	[tópəl]
está frio	студено	[studéno]
frio	студен	[studén]
sol (m)	слънце (с)	[sléntse]
brilhar (vi)	грея	[gréja]
de sol, ensolarado	слънчев	[sléntʃev]
nascer (vi)	изгрея	[izgréja]
pôr-se (vr)	заляза	[zalʲáza]
nuvem (f)	облак (м)	[óblak]
nublado	облачен	[óblatʃen]
nuvem (f) preta	голям облак (м)	[golʲám óblak]
escuro, cinzento	навъсен	[navésen]
chuva (f)	дъжд (м)	[dəʒt]
está a chover	вали дъжд	[valí dəʒt]
chuvoso	дъждовен	[dəʒdóven]
chuviscar (vi)	ръмя	[rəmʲá]
chuva (f) torrencial	пороен дъжд (м)	[poróen dəʒt]
chuvada (f)	порой (м)	[porój]
forte (chuva)	силен	[sílen]
poça (f)	локва (ж)	[lókva]
molhar-se (vr)	намокря се	[namókrʲa se]
nevoeiro (m)	мъгла (ж)	[məglá]
de nevoeiro	мъглив	[məglíf]
neve (f)	сняг (м)	[snʲak]
está a nevar	вали сняг	[valí snʲak]

134. Tempo extremo. Catástrofes naturais

trovoada (f)	гръмотевична буря (ж)	[grəmotévitʃna búrʲa]
relâmpago (m)	мълния (ж)	[məlnija]
relampejar (vi)	блясвам	[blʲásvam]

trovão (m)	гръм (м)	[grəm]
trovejar (vi)	гърмя	[gərmʲá]
está a trovejar	гърми	[gərmí]

granizo (m)	градушка (ж)	[gradúʃka]
está a cair granizo	пада градушка	[páda gradúʃka]

inundar (vt)	потопя	[potopʲá]
inundação (f)	наводнение (с)	[navodnénie]

terremoto (m)	земетресение (с)	[zemetresénie]
abalo, tremor (m)	трус (м)	[trus]
epicentro (m)	епицентър (м)	[epitséntər]

erupção (f)	изригване (с)	[izrígvane]
lava (f)	лава (ж)	[láva]

turbilhão, tornado (m)	торнадо (с)	[tornádo]
tufão (m)	тайфун (м)	[tajfún]

furacão (m)	ураган (м)	[uragán]
tempestade (f)	буря (ж)	[búrʲa]
tsunami (m)	цунами (с)	[tsunámi]

ciclone (m)	циклон (м)	[tsiklón]
mau tempo (m)	лошо време (с)	[lóʃo vréme]
incêndio (m)	пожар (м)	[poʒár]
catástrofe (f)	катастрофа (ж)	[katastrófa]
meteorito (m)	метеорит (м)	[meteorít]

avalanche (f)	лавина (ж)	[lavína]
deslizamento (f) de neve	лавина (ж)	[lavína]
nevasca (f)	виелица (ж)	[viélitsa]
tempestade (f) de neve	снежна буря (ж)	[snéʒna búrʲa]

Fauna

135. Mamíferos. Predadores

predador (m)	хищник (м)	[híʃtnik]
tigre (m)	тигър (м)	[tíger]
leão (m)	лъв (м)	[lev]
lobo (m)	вълк (м)	[velk]
raposa (f)	лисица (ж)	[lisítsa]
jaguar (m)	ягуар (м)	[jaguár]
leopardo (m)	леопард (м)	[leopárt]
chita (f)	гепард (м)	[gepárt]
pantera (f)	пантера (ж)	[pantéra]
puma (m)	пума (ж)	[púma]
leopardo-das-neves (m)	снежен барс (м)	[snéʒen bars]
lince (m)	рис (м)	[ris]
coiote (m)	койот (м)	[kojót]
chacal (m)	чакал (м)	[tʃakál]
hiena (f)	хиена (ж)	[hiéna]

136. Animais selvagens

animal (m)	животно (с)	[ʒivótno]
besta (f)	звяр (м)	[zvʲar]
esquilo (m)	катерица (ж)	[káteritsa]
ouriço (m)	таралеж (м)	[taraléʒ]
lebre (f)	заек (м)	[záek]
coelho (m)	питомен заек (м)	[pítomen záek]
texugo (m)	язовец (м)	[jázovets]
guaxinim (m)	енот (м)	[enót]
hamster (m)	хамстер (м)	[hámster]
marmota (f)	мармот (м)	[marmót]
toupeira (f)	къртица (ж)	[kertítsa]
rato (m)	мишка (ж)	[míʃka]
ratazana (f)	плъх (м)	[pleh]
morcego (m)	прилеп (м)	[prílep]
arminho (m)	хермелин (м)	[hermelín]
zibelina (f)	самур (м)	[samúr]
marta (f)	бялка (ж)	[bʲálka]
doninha (f)	невестулка (ж)	[nevestúlka]
vison (m)	норка (ж)	[nórka]

castor (m)	бобър (м)	[bóbər]
lontra (f)	видра (ж)	[vídra]

cavalo (m)	кон (м)	[kon]
alce (m) americano	лос (м)	[los]
veado (m)	елен (м)	[elén]
camelo (m)	камила (ж)	[kamíla]

bisão (m)	бизон (м)	[bizón]
auroque (m)	зубър (м)	[zúbər]
búfalo (m)	бивол (м)	[bívol]

zebra (f)	зебра (ж)	[zébra]
antílope (m)	антилопа (ж)	[antilópa]
corça (f)	сърна (ж)	[sərná]
gamo (m)	лопатар (м)	[lopatár]
camurça (f)	сърна (ж)	[sərná]
javali (m)	глиган (м)	[gligán]

baleia (f)	кит (м)	[kit]
foca (f)	тюлен (м)	[tʲulén]
morsa (f)	морж (м)	[morʒ]
urso-marinho (m)	морска котка (ж)	[mórska kótka]
golfinho (m)	делфин (м)	[delfín]

urso (m)	мечка (ж)	[métʃka]
urso (m) branco	бяла мечка (ж)	[bʲála métʃka]
panda (m)	панда (ж)	[pánda]

macaco (em geral)	маймуна (ж)	[majmúna]
chimpanzé (m)	шимпанзе (с)	[ʃimpanzé]
orangotango (m)	орангутан (м)	[orangután]
gorila (m)	горила (ж)	[goríla]
macaco (m)	макак (м)	[makák]
gibão (m)	гибон (м)	[gibón]

elefante (m)	слон (м)	[slon]
rinoceronte (m)	носорог (м)	[nosorók]
girafa (f)	жираф (м)	[ʒiráf]
hipopótamo (m)	хипопотам (м)	[hipopotám]

canguru (m)	кенгуру (с)	[kénguru]
coala (m)	коала (ж)	[koála]

mangusto (m)	мангуста (ж)	[mangústa]
chinchila (f)	чинчила (ж)	[tʃintʃíla]
doninha-fedorenta (f)	скунс (м)	[skuns]
porco-espinho (m)	бодливец (м)	[bodlívets]

137. Animais domésticos

gata (f)	котка (ж)	[kótka]
gato (m) macho	котарак (м)	[kotarák]
cavalo (m)	кон (м)	[kon]

garanhão (m)	жребец (м)	[ʒrebéts]
égua (f)	кобила (ж)	[kobíla]
vaca (f)	крава (ж)	[kráva]
touro (m)	бик (м)	[bik]
boi (m)	вол (м)	[vol]
ovelha (f)	овца (ж)	[ovtsá]
carneiro (m)	овен (м)	[ovén]
cabra (f)	коза (ж)	[kozá]
bode (m)	козел (м)	[kozél]
burro (m)	магаре (с)	[magáre]
mula (f)	муле (с)	[múle]
porco (m)	свиня (ж)	[sviniá]
porquinho (m)	прасе (с)	[prasé]
coelho (m)	питомен заек (м)	[pítomen záek]
galinha (f)	кокошка (ж)	[kokóʃka]
galo (m)	петел (м)	[petél]
pato (m), pata (f)	патица (ж)	[pátitsa]
pato (macho)	паток (м)	[patók]
ganso (m)	гъсок (м)	[gəsók]
peru (m)	пуяк (м)	[pújak]
perua (f)	пуйка (ж)	[pújka]
animais (m pl) domésticos	домашни животни (с мн)	[domáʃni ʒivótni]
domesticado	питомен	[pítomen]
domesticar (vt)	опитомявам	[opitomiávam]
criar (vt)	отглеждам	[otgléʒdam]
quinta (f)	ферма (ж)	[férma]
aves (f pl) domésticas	домашна птица (ж)	[domáʃna ptítsa]
gado (m)	добитък (м)	[dobítək]
rebanho (m), manada (f)	стадо (с)	[stádo]
estábulo (m)	обор (м)	[obór]
pocilga (f)	кочина (ж)	[kótʃina]
estábulo (m)	краварник (м)	[kravárnik]
coelheira (f)	зайчарник (м)	[zajtʃárnik]
galinheiro (m)	курник (м)	[kúrnik]

138. Pássaros

pássaro, ave (m)	птица (ж)	[ptítsa]
pombo (m)	гълъб (м)	[géləp]
pardal (m)	врабче (с)	[vrabtʃé]
chapim-real (m)	синигер (м)	[sinigér]
pega-rabuda (f)	сврака (ж)	[svráka]
corvo (m)	гарван (м)	[gárvan]
gralha (f) cinzenta	врана (ж)	[vrána]

gralha-de-nuca-cinzenta (f)	гарга (ж)	[gárga]
gralha-calva (f)	полски гарван (м)	[pólski gárvan]
pato (m)	патица (ж)	[pátitsa]
ganso (m)	гъсок (м)	[gəsók]
faisão (m)	фазан (м)	[fazán]
águia (f)	орел (м)	[orél]
açor (m)	ястреб (м)	[jástrep]
falcão (m)	сокол (м)	[sokól]
abutre (m)	гриф (м)	[grif]
condor (m)	кондор (м)	[kondór]
cisne (m)	лебед (м)	[lébet]
grou (m)	жерав (м)	[ʒérav]
cegonha (f)	щъркел (м)	[ʃtérkel]
papagaio (m)	папагал (м)	[papagál]
beija-flor (m)	колибри (с)	[kolíbri]
pavão (m)	паун (м)	[paún]
avestruz (f)	щраус (м)	[ʃtráus]
garça (f)	чапла (ж)	[tʃápla]
flamingo (m)	фламинго (с)	[flamíngo]
pelicano (m)	пеликан (м)	[pelikán]
rouxinol (m)	славей (м)	[slávej]
andorinha (f)	лястовица (ж)	[lʲástovitsa]
tordo-zornal (m)	дрозд (м)	[drozd]
tordo-músico (m)	поен дрозд (м)	[póen drozd]
melro-preto (m)	кос, черен дрозд (м)	[kos], [tʃéren drozd]
andorinhão (m)	бързолет (м)	[bərzolét]
cotovia (f)	чучулига (ж)	[tʃutʃulíga]
codorna (f)	пъдпъдък (м)	[pədpədék]
pica-pau (m)	кълвач (м)	[kəlvátʃ]
cuco (m)	кукувица (ж)	[kúkuvitsa]
coruja (f)	сова (ж)	[sóva]
corujão, bufo (m)	бухал (м)	[búhal]
tetraz-grande (m)	глухар (м)	[gluhár]
tetraz-lira (m)	тетрев (м)	[tétrev]
perdiz-cinzenta (f)	яребица (ж)	[járebitsa]
estorninho (m)	скорец (м)	[skoréts]
canário (m)	канарче (с)	[kanártʃe]
galinha-do-mato (f)	лещарка (ж)	[leʃtárka]
tentilhão (m)	чинка (ж)	[tʃínka]
dom-fafe (m)	червенушка (ж)	[tʃervenúʃka]
gaivota (f)	чайка (ж)	[tʃájka]
albatroz (m)	албатрос (м)	[albatrós]
pinguim (m)	пингвин (м)	[pingvín]

139. Peixes. Animais marinhos

brema (f)	платика (ж)	[platíka]
carpa (f)	шаран (м)	[ʃarán]
perca (f)	костур (м)	[kostúr]
siluro (m)	сом (м)	[som]
lúcio (m)	щука (ж)	[ʃtúka]
salmão (m)	сьомга (ж)	[sʲómga]
esturjão (m)	есетра (ж)	[esétra]
arenque (m)	селда (ж)	[sélda]
salmão (m)	сьомга (ж)	[sʲómga]
cavala, sarda (f)	скумрия (ж)	[skumríja]
solha (f)	калкан (м)	[kalkán]
lúcio perca (m)	бяла риба (ж)	[bʲála ríba]
bacalhau (m)	треска (ж)	[tréska]
atum (m)	риба тон (м)	[ríba ton]
truta (f)	пъстърва (ж)	[pəstérva]
enguia (f)	змиорка (ж)	[zmiórka]
raia elétrica (f)	електрически скат (м)	[elektrítʃeski skat]
moreia (f)	мурена (ж)	[muréna]
piranha (f)	пираня (ж)	[piránʲa]
tubarão (m)	акула (ж)	[akúla]
golfinho (m)	делфин (м)	[delfín]
baleia (f)	кит (м)	[kit]
caranguejo (m)	морски рак (м)	[mórski rak]
medusa, alforreca (f)	медуза (ж)	[medúza]
polvo (m)	октопод (м)	[oktopót]
estrela-do-mar (f)	морска звезда (ж)	[mórska zvezdá]
ouriço-do-mar (m)	морски таралеж (м)	[mórski taraléʒ]
cavalo-marinho (m)	морско конче (с)	[mórsko kóntʃe]
ostra (f)	стрида (ж)	[strída]
camarão (m)	скарида (ж)	[skarída]
lavagante (m)	омар (м)	[omár]
lagosta (f)	лангуста (ж)	[langústa]

140. Amfíbios. Répteis

serpente, cobra (f)	змия (ж)	[zmijá]
venenoso	отровен	[otróven]
víbora (f)	усойница (ж)	[usójnitsa]
cobra-capelo, naja (f)	кобра (ж)	[kóbra]
pitão (m)	питон (м)	[pitón]
jiboia (f)	боа (ж)	[boá]
cobra-de-água (f)	смок (м)	[smok]

cascavel (f)	гърмяща змия (ж)	[gərmʲáʃta zmijá]
anaconda (f)	анаконда (ж)	[anakónda]
lagarto (m)	гущер (м)	[gúʃter]
iguana (f)	игуана (ж)	[iguána]
varano (m)	варан (м)	[varán]
salamandra (f)	саламандър (м)	[salamándər]
camaleão (m)	хамелеон (м)	[hameleón]
escorpião (m)	скорпион (м)	[skorpión]
tartaruga (f)	костенурка (ж)	[kostenúrka]
rã (f)	водна жаба (ж)	[vódna ʒába]
sapo (m)	жаба (ж)	[ʒába]
crocodilo (m)	крокодил (м)	[krokodíl]

141. Insetos

inseto (m)	насекомо (с)	[nasekómo]
borboleta (f)	пеперуда (ж)	[peperúda]
formiga (f)	мравка (ж)	[mráfka]
mosca (f)	муха (ж)	[muhá]
mosquito (m)	комар (м)	[komár]
escaravelho (m)	бръмбар (м)	[brəmbar]
vespa (f)	оса (ж)	[osá]
abelha (f)	пчела (ж)	[ptʃelá]
zangão (m)	земна пчела (ж)	[zémna ptʃelá]
moscardo (m)	щръклица (ж), овод (м)	[ʃtréklitsa], [óvot]
aranha (f)	паяк (м)	[pájak]
teia (f) de aranha	паяжина (ж)	[pájaʒina]
libélula (f)	водно конче (с)	[vódno kóntʃe]
gafanhoto-do-campo (m)	скакалец (м)	[skakaléts]
traça (f)	нощна пеперуда (ж)	[nóʃtna peperúda]
barata (f)	хлебарка (ж)	[hlebárka]
carraça (f)	кърлеж (м)	[kərleʃ]
pulga (f)	бълха (ж)	[bəlhá]
borrachudo (m)	мушица (ж)	[muʃítsa]
gafanhoto (m)	прелетен скакалец (м)	[préleten skakaléts]
caracol (m)	охлюв (м)	[óhlʲuf]
grilo (m)	щурец (м)	[ʃturéts]
pirilampo (m)	светулка (ж)	[svetúlka]
joaninha (f)	калинка (ж)	[kalínka]
besouro (m)	майски бръмбар (м)	[májski brémbar]
sanguessuga (f)	пиявица (ж)	[pijávitsa]
lagarta (f)	гъсеница (ж)	[gəsénitsa]
minhoca (f)	червей (м)	[tʃérvej]
larva (f)	буба (ж)	[búba]

Flora

142. Árvores

árvore (f)	дърво (с)	[dərvó]
decídua	широколистно	[ʃirokolístno]
conífera	иглолистно	[iglolístno]
perene	вечнозелено	[vetʃnozeléno]
macieira (f)	ябълка (ж)	[jábəlka]
pereira (f)	круша (ж)	[krúʃa]
cerejeira (f)	череша (ж)	[tʃeréʃa]
ginjeira (f)	вишна (ж)	[víʃna]
ameixeira (f)	слива (ж)	[slíva]
bétula (f)	бреза (ж)	[brezá]
carvalho (m)	дъб (м)	[dəp]
tília (f)	липа (ж)	[lipá]
choupo-tremedor (m)	трепетлика (ж)	[trepetlíka]
bordo (m)	клен (м)	[klen]
espruce-europeu (m)	ела (ж)	[elá]
pinheiro (m)	бор (м)	[bor]
alerce, lariço (m)	лиственица (ж)	[lístvenitsa]
abeto (m)	бяла ела (ж)	[bʲála elá]
cedro (m)	кедър (м)	[kédər]
choupo, álamo (m)	топола (ж)	[topóla]
tramazeira (f)	офика (ж)	[ofíka]
salgueiro (m)	върба (ж)	[vərbá]
amieiro (m)	елша (ж)	[elʃá]
faia (f)	бук (м)	[buk]
ulmeiro (m)	бряст (м)	[brʲast]
freixo (m)	ясен (м)	[jásen]
castanheiro (m)	кестен (м)	[késten]
magnólia (f)	магнолия (ж)	[magnólija]
palmeira (f)	палма (ж)	[pálma]
cipreste (m)	кипарис (м)	[kiparís]
mangue (m)	мангрово дърво (с)	[mangrovo dərvó]
embondeiro, baobá (m)	баобаб (м)	[baobáp]
eucalipto (m)	евкалипт (м)	[efkalípt]
sequoia (f)	секвоя (ж)	[sekvója]

143. Arbustos

arbusto (m)	храст (м)	[hrast]
arbusto (m), moita (f)	храсталак (м)	[hrastalák]

videira (f)	грозде (с)	[grózde]
vinhedo (m)	лозе (с)	[lóze]
framboeseira (f)	малина (ж)	[malína]
groselheira-preta (f)	черно френско грозде (с)	[tʃérno frénsko grózde]
groselheira-vermelha (f)	червено френско грозде (с)	[tʃervéno frénsko grózde]
groselheira (f) espinhosa	цариградско грозде (с)	[tsarigrátsko grózde]
acácia (f)	акация (ж)	[akátsija]
bérberis (f)	кисел трън (м)	[kísel trən]
jasmim (m)	жасмин (м)	[ʒasmín]
junípero (m)	хвойна, смрика (ж)	[hvójna], [smríka]
roseira (f)	розов храст (м)	[rózov hrast]
roseira (f) brava	шипка (ж)	[ʃípka]

144. Frutos. Bagas

fruta (f)	плод (м)	[plot]
frutas (f pl)	плодове (м мн)	[plodové]
maçã (f)	ябълка (ж)	[jábəlka]
pera (f)	круша (ж)	[krúʃa]
ameixa (f)	слива (ж)	[slíva]
morango (m)	ягода (ж)	[jágoda]
ginja (f)	вишна (ж)	[víʃna]
cereja (f)	череша (ж)	[tʃeréʃa]
uva (f)	грозде (с)	[grózde]
framboesa (f)	малина (ж)	[malína]
groselha (f) preta	черно френско грозде (с)	[tʃérno frénsko grózde]
groselha (f) vermelha	червено френско грозде (с)	[tʃervéno frénsko grózde]
groselha (f) espinhosa	цариградско грозде (с)	[tsarigrátsko grózde]
oxicoco (m)	клюква (ж)	[klʲúkva]
laranja (f)	портокал (м)	[portokál]
tangerina (f)	мандарина (ж)	[mandarína]
ananás (m)	ананас (м)	[ananás]
banana (f)	банан (м)	[banán]
tâmara (f)	фурма (ж)	[furmá]
limão (m)	лимон (м)	[limón]
damasco (m)	кайсия (ж)	[kajsíja]
pêssego (m)	праскова (ж)	[práskova]
kiwi (m)	киви (с)	[kívi]
toranja (f)	грейпфрут (м)	[gréjpfrut]
baga (f)	горски плод (м)	[górski plot]
bagas (f pl)	горски плодове (м мн)	[górski plodové]
arando (m) vermelho	червена боровинка (ж)	[tʃervéna borovínka]
morango-silvestre (m)	горска ягода (ж)	[górska jágoda]
mirtilo (m)	черна боровинка (ж)	[tʃérna borovínka]

145. Flores. Plantas

flor (f)	цвете (c)	[tsvéte]
ramo (m) de flores	букет (м)	[bukét]
rosa (f)	роза (ж)	[róza]
tulipa (f)	лале (c)	[lalé]
cravo (m)	карамфил (м)	[karamfíl]
gladíolo (m)	гладиола (ж)	[gladióla]
centáurea (f)	метличина (ж)	[metlitʃína]
campânula (f)	камбанка (ж)	[kambánka]
dente-de-leão (m)	глухарче (c)	[gluhártʃe]
camomila (f)	лайка (ж)	[lájka]
aloé (m)	алое (c)	[alóe]
cato (m)	кактус (м)	[káktus]
fícus (m)	фикус (м)	[fíkus]
lírio (m)	лилиум (м)	[lílium]
gerânio (m)	мушкато (c)	[muʃkáto]
jacinto (m)	зюмбюл (м)	[zʲúmbʲúl]
mimosa (f)	мимоза (ж)	[mimóza]
narciso (m)	нарцис (м)	[nartsís]
capuchinha (f)	латинка (ж)	[latínka]
orquídea (f)	орхидея (ж)	[orhidéja]
peónia (f)	божур (м)	[boʒúr]
violeta (f)	теменуга (ж)	[temenúga]
amor-perfeito (m)	трицветна теменуга (ж)	[tritsvétna temenúga]
não-me-esqueças (m)	незабравка (ж)	[nezabráfka]
margarida (f)	маргаритка (ж)	[margarítka]
papoula (f)	мак (м)	[mak]
cânhamo (m)	коноп (м)	[konóp]
hortelã (f)	мента (ж)	[ménta]
lírio-do-vale (m)	момина сълза (ж)	[mómina səlzá]
campânula-branca (f)	кокиче (c)	[kokítʃe]
urtiga (f)	коприва (ж)	[kopríva]
azeda (f)	киселец (м)	[kíselets]
nenúfar (m)	водна лилия (ж)	[vódna lílija]
feto (m), samambaia (f)	папрат (м)	[páprat]
líquen (m)	лишей (м)	[líʃej]
estufa (f)	оранжерия (ж)	[oranʒérija]
relvado (m)	тревна площ (ж)	[trévna ploʃt]
canteiro (m) de flores	цветна леха (ж)	[tsvétna lehá]
planta (f)	растение (c)	[rasténie]
erva (f)	трева (ж)	[trevá]
folha (f) de erva	тревичка (ж)	[trevítʃka]

folha (f)	лист (м)	[list]
pétala (f)	венчелистче (с)	[ventʃelísttʃe]
talo (m)	стъбло (с)	[stəblói]
tubérculo (m)	грудка (ж)	[grútka]
broto, rebento (m)	кълн (м)	[kəln]
espinho (m)	бодил (м)	[bodíl]
florescer (vi)	цъфтя	[tsəftʲá]
murchar (vi)	увяхвам	[uvʲáhvam]
cheiro (m)	мирис (м)	[míris]
cortar (flores)	отрежа	[otréʒa]
colher (uma flor)	откъсна	[otkésna]

146. Cereais, grãos

grão (m)	зърно (с)	[zérno]
cereais (plantas)	житни култури (ж мн)	[ʒítni kultúri]
espiga (f)	клас (м)	[klas]
trigo (m)	пшеница (ж)	[pʃenítsa]
centeio (m)	ръж (ж)	[rəʒ]
aveia (f)	овес (м)	[ovés]
milho-miúdo (m)	просо (с)	[prosó]
cevada (f)	ечемик (м)	[etʃemík]
milho (m)	царевица (ж)	[tsárevitsa]
arroz (m)	ориз (м)	[oríz]
trigo-sarraceno (m)	елда (ж)	[élda]
ervilha (f)	грах (м)	[grah]
feijão (m)	фасул (м)	[fasúl]
soja (f)	соя (ж)	[sója]
lentilha (f)	леща (ж)	[léʃta]
fava (f)	боб (м)	[bop]

PAÍSES. NACIONALIDADES

147. Europa Ocidental

Europa (f)	Европа	[evrópa]
União (f) Europeia	Европейски Съюз (м)	[evropéjski səjúz]
Áustria (f)	Австрия	[áfstrija]
Grã-Bretanha (f)	Великобритания	[velikobritánija]
Inglaterra (f)	Англия	[ánglija]
Bélgica (f)	Белгия	[bélgija]
Alemanha (f)	Германия	[germánija]
Países (m pl) Baixos	Нидерландия	[niderlándija]
Holanda (f)	Холандия (ж)	[holándija]
Grécia (f)	Гърция	[gértsija]
Dinamarca (f)	Дания	[dánija]
Irlanda (f)	Ирландия	[irlándija]
Islândia (f)	Исландия	[islándija]
Espanha (f)	Испания	[ispánija]
Itália (f)	Италия	[itálija]
Chipre (m)	Кипър	[kípər]
Malta (f)	Малта	[málta]
Noruega (f)	Норвегия	[norvégija]
Portugal (m)	Португалия	[portugálija]
Finlândia (f)	Финландия	[finlándija]
França (f)	Франция	[frántsija]
Suécia (f)	Швеция	[ʃvétsija]
Suíça (f)	Швейцария	[ʃvejtsárija]
Escócia (f)	Шотландия	[ʃotlándija]
Vaticano (m)	Ватикана	[vatikána]
Liechtenstein (m)	Лихтенщайн	[líhtenʃtajn]
Luxemburgo (m)	Люксембург	[lʲúksemburg]
Mónaco (m)	Монако	[monáko]

148. Europa Central e de Leste

Albânia (f)	Албания	[albánija]
Bulgária (f)	България	[bəlgárija]
Hungria (f)	Унгария	[ungárija]
Letónia (f)	Латвия	[látvija]
Lituânia (f)	Литва	[lítva]
Polónia (f)	Полша	[pólʃa]

Roménia (f)	Румъния	[ruménija]
Sérvia (f)	Сърбия	[sérbija]
Eslováquia (f)	Словакия	[slovákija]

Croácia (f)	Хърватия	[hərvátija]
República (f) Checa	Чехия	[tʃéhija]
Estónia (f)	Естония	[estónija]

Bósnia e Herzegovina (f)	Босна и Херцеговина	[bósna i hertsegóvina]
Macedónia (f)	Македония	[makedónija]
Eslovénia (f)	Словения	[slovénija]
Montenegro (m)	Черна гора	[tʃérna gorá]

149. Países da ex-URSS

| Azerbaijão (m) | Азербайджан | [azerbajdʒán] |
| Arménia (f) | Армения | [arménija] |

Bielorrússia (f)	Беларус	[belarús]
Geórgia (f)	Грузия	[grúzija]
Cazaquistão (m)	Казахстан	[kazahstán]
Quirguistão (m)	Киргизстан	[kirgistán]
Moldávia (f)	Молдова	[moldóva]

| Rússia (f) | Русия | [rusíja] |
| Ucrânia (f) | Украйна | [ukrájna] |

Tajiquistão (m)	Таджикистан	[tadʒikistán]
Turquemenistão (m)	Туркменистан	[turkmenistán]
Uzbequistão (f)	Узбекистан	[uzbekistán]

150. Asia

Ásia (f)	Азия	[ázija]
Vietname (m)	Виетнам	[vietnám]
Índia (f)	Индия	[índija]
Israel (m)	Израел	[izráel]

China (f)	Китай	[kitáj]
Líbano (m)	Ливан	[liván]
Mongólia (f)	Монголия	[mongólija]

| Malásia (f) | Малайзия | [malájzija] |
| Paquistão (m) | Пакистан | [pakistán] |

Arábia (f) Saudita	Саудитска Арабия	[saudítska arábija]
Tailândia (f)	Тайланд	[tajlánt]
Taiwan (m)	Тайван	[tajván]
Turquia (f)	Турция	[túrtsija]
Japão (m)	Япония	[japónija]
Afeganistão (m)	Афганистан	[afganistán]
Bangladesh (m)	Бангладеш	[bangladéʃ]

Indonésia (f)	Индонезия	[indonézija]
Jordânia (f)	Йордания	[jordánija]
Iraque (m)	Ирак	[irák]
Irão (m)	Иран	[irán]
Camboja (f)	Камбоджа	[kambódʒa]
Kuwait (m)	Кувейт	[kuvéjt]
Laos (m)	Лаос	[laós]
Myanmar (m), Birmânia (f)	Мянма	[mʲánma]
Nepal (m)	Непал	[nepál]
Emirados Árabes Unidos	Обединени арабски емирства	[obedinéni arápski emírstva]
Síria (f)	Сирия	[sírija]
Palestina (f)	Палестинска автономия	[palestínska aftonómija]
Coreia do Sul (f)	Южна Корея	[júʒna koréja]
Coreia do Norte (f)	Северна Корея	[séverna koréja]

151. America do Norte

Estados Unidos da América	Съединени американски щати	[səedinéni amerikánski ʃtáti]
Canadá (m)	Канада	[kanáda]
México (m)	Мексико	[méksiko]

152. America Centrale do Sul

Argentina (f)	Аржентина	[arʒentína]
Brasil (m)	Бразилия	[brazílija]
Colômbia (f)	Колумбия	[kolúmbija]
Cuba (f)	Куба	[kúba]
Chile (m)	Чили	[tʃíli]
Bolívia (f)	Боливия	[bolívija]
Venezuela (f)	Венецуела	[venetsuéla]
Paraguai (m)	Парагвай	[paragváj]
Peru (m)	Перу	[perú]
Suriname (m)	Суринам	[surinám]
Uruguai (m)	Уругвай	[urugváj]
Equador (m)	Еквадор	[ekvadór]
Bahamas (f pl)	Бахамски острови	[bahámski óstrovi]
Haiti (m)	Хаити	[haíti]
República (f) Dominicana	Доминиканска република	[dominikánska repúblika]
Panamá (m)	Панама	[panáma]
Jamaica (f)	Ямайка	[jamájka]

153. Africa

Egito (m)	Египет	[egípet]
Marrocos	Мароко	[maróko]
Tunísia (f)	Тунис	[túnis]
Gana (f)	Гана	[gána]
Zanzibar (m)	Занзибар	[zanzibár]
Quénia (f)	Кения	[kénija]
Líbia (f)	Либия	[líbija]
Madagáscar (m)	Мадагаскар	[madagaskár]
Namíbia (f)	Намибия	[namíbija]
Senegal (m)	Сенегал	[senegál]
Tanzânia (f)	Танзания	[tanzánija]
África do Sul (f)	Южноафриканска република	[juʒno·afrikánska repúblika]

154. Australia. Oceania

Austrália (f)	Австралия	[afstrálija]
Nova Zelândia (f)	Нова Зеландия	[nóva zelándija]
Tasmânia (f)	Тасмания	[tasmánija]
Polinésia Francesa (f)	Френска Полинезия	[frénska polinézija]

155. Cidades

Amesterdão	Амстердам	[amsterdám]
Ancara	Анкара	[ánkara]
Atenas	Атина	[átina]
Bagdade	Багдад	[bagdád]
Banguecoque	Банкок	[bankók]
Barcelona	Барселона	[barselóna]
Beirute	Бейрут	[bejrút]
Berlim	Берлин	[berlín]
Bombaim	Мумбай	[mumbáj]
Bona	Бон	[bon]
Bordéus	Бордо	[bordó]
Bratislava	Братислава	[bratisláva]
Bruxelas	Брюксел	[brʲúksel]
Bucareste	Букурещ	[búkureʃt]
Budapeste	Будапеща	[budapéʃta]
Cairo	Кайро	[kájro]
Calcutá	Калкута	[kalkúta]
Chicago	Чикаго	[tʃikágo]
Cidade do México	Мексико	[méksiko]
Copenhaga	Копенхаген	[kopenhágen]

Dar es Salaam	Дар ес Салам	[dar es salám]
Deli	Делхи	[délhi]
Dubai	Дубай	[dubáj]
Dublin, Dublim	Дъблин	[déblin]
Düsseldorf	Дюселдорф	[dʲúseldorf]
Estocolmo	Стокхолм	[stokhólm]
Florença	Флоренция	[floréntsija]
Frankfurt	Франкфурт	[fránkfurt]
Genebra	Женева	[ʒenéva]
Haia	Хага	[hága]
Hamburgo	Хамбург	[hámburk]
Hanói	Ханой	[hanój]
Havana	Хавана	[havána]
Helsínquia	Хелзинки	[hélzinki]
Hiroshima	Хирошима	[hiroʃíma]
Hong Kong	Хонконг	[honkóng]
Istambul	Истанбул	[istanbúl]
Jerusalém	Ерусалим	[érusalim]
Kiev	Киев	[kíev]
Kuala Lumpur	Куала Лумпур	[kuála lumpúr]
Lisboa	Лисабон	[lisabón]
Londres	Лондон	[lóndon]
Los Angeles	Лос Анджелис	[los ándʒelis]
Lyon	Лион	[lión]
Madrid	Мадрид	[madrít]
Marselha	Марсилия	[marsílija]
Miami	Маями	[majámi]
Montreal	Монреал	[monreál]
Moscovo	Москва	[moskvá]
Munique	Мюнхен	[mʲúnhen]
Nairóbi	Найроби	[najróbi]
Nápoles	Неапол	[neápol]
Nisa	Ница	[nítsa]
Nova York	Ню Йорк	[nʲu jórk]
Oslo	Осло	[óslo]
Ottawa	Отава	[otáva]
Paris	Париж	[paríʒ]
Pequim	Пекин	[pekín]
Praga	Прага	[prága]
Rio de Janeiro	Рио де Жанейро	[río de ʒanéjro]
Roma	Рим	[rim]
São Petersburgo	Санкт Петербург	[sankt péterburk]
Seul	Сеул	[seúl]
Singapura	Сингапур	[singapúr]
Sydney	Сидни	[sídni]
Taipé	Тайпе	[tajpé]
Tóquio	Токио	[tókio]
Toronto	Торонто	[torónto]

Varsóvia	Варшава	[varʃáva]
Veneza	Венеция	[venétsija]
Viena	Виена	[viéna]
Washington	Вашингтон	[váʃinkton]
Xangai	Шанхай	[ʃanháj]

www.ingramcontent.com/pod-product-compliance
Lightning Source LLC
Chambersburg PA
CBHW070604050426
42450CB00011B/2984